日経BP

ひと目でわかる

Microsoft Defender for Endpoint

国井 傑

阿部 直樹 [著]

JN026727

まえがき

　本書はMicrosoft Defender for Endpointの日本語による初の解説書となります。Microsoft Defender for Endpointの基本機能である自動調査と修復やデバイスハイジーン（device hygiene）を実現する脆弱性管理の項目まで幅広い章立てで記載されており、製品導入後に運用するための情報を網羅的に理解することができます。

　執筆は国井 傑さんとセキュリティベンダーの業務経験もある阿部 直樹さんのお2人によるもので、IT/セキュリティの両担当者が参考になるだけではなく、SOC（Security Operation Center）を担当している方も改めてMicrosoft Defender for Endpointの機能の深さをご理解いただけるだけでなく、運用体制までに落とし込む際の担当範囲エリアも図式化されています。

　本書の章立ては次のとおりです。初学者の方はご自身で準備ができるテナントとPCを用意いただき、設定項目に応じてどのような挙動をするのかを実際に読み進めながら検証を進めることをお勧めします。経験者の方は各章のはじめにあるリードを確認して必要な情報をインプットしていただければと思います。

第1章　Microsoft Defender for Endpointの概要
第2章　セキュアスコアに基づく脆弱性管理
第3章　ポリシー管理（Web保護）
第4章　攻撃面の減少（ASR）の活用
第5章　インシデント対応の開始
第6章　自動調査と修復
第7章　高度な追及（Advanced hunting）
第8章　エンドポイントに対する手動での対応

　Microsoft Defender for Endpointの機能紹介のみでなく、ライセンス付与の方法、OSごとの機能差、ロールの割り当てなど実際の導入にあたってのステップの画面キャプチャまで掲載している点も参考にしてください。

　2016年3月1日にリリースを発表したMicrosoft Defender for Endpoint（当時はWindows Defender Advanced Threat Protectionという名称）の当時はEDR（Endpoint Detection and Response）という機能も世の中に広まっておらず、ファイルレス攻撃が本当に来るのかと企業の皆様

も感じていたかもしれません、現在はEDRの導入企業が企業規模を問わず増えてきたからこそ、改めてなぜエンドポイントセキュリティを強化するのかまた、その先にどのような働き方やビジネスに取り組みたいのか、本書を読み進めながらぜひ議論いただければと思います。

　最後になりますが、ますます多くの企業を守る重要な責任として身が引き締まる思いと、日本からより多くのお客様の声を届け製品改善していけるようにこれからも精進してまいります。
　本書を執筆してくださった国井 傑さん、阿部 直樹さんにはさらに多くの方が理解しやすいようこのような素晴らしい書籍を執筆してくださったことを深く感謝申し上げます。

2023年4月
日本マイクロソフト株式会社
クラウド＆ソリューション事業本部
モダンワークプレイス統括本部
クラウドエンドポイント技術営業本部 本部長
山本 築（やまもと きずく）

はじめに

　本書は、"知りたい機能がすばやく探せるビジュアルリファレンス"というコンセプトのもとに、Microsoft Defender for Endpoint（MDE）の優れた機能を体系的にまとめあげ、設定および操作の方法をわかりやすく解説します。

本書の表記

　本書では、次のように表記しています。

■リボン、ウィンドウ、アイコン、メニュー、コマンド、ツールバー、ダイアログボックスの名称やボタン上の表示、各種ボックス内の選択項目の表示を、原則として［　］で囲んで表記しています。

■画面上の ⌄、⌃、▾、▴ のボタンは、すべて▲、▼と表記しています。

■本書でのボタン名の表記は、画面上にボタン名が表示される場合はそのボタン名を、表示されない場合はポップアップヒントに表示される名前を使用しています。

■手順説明の中で、「［○○］メニューの［××］をクリックする」とある場合は、［○○］をクリックしてコマンド一覧を表示し、［××］をクリックしてコマンドを実行します。

■手順説明の中で、「［○○］タブの［△△］の［××］をクリックする」とある場合は、［○○］をクリックしてタブを表示し、［△△］グループの［××］をクリックしてコマンドを実行します。

■各節の見出しにある MDB MDE P1 MDE P2 のアイコンは、その節の内容に対応するライセンスの種類（Microsoft Defender for Business/Microsoft Defender for Endpoint P1/P2）を示しています。概要説明など、ライセンスの種類には依存しない内容の節ではアイコンを付けていません。

本書編集時の環境

使用したソフトウェアと表記

　本書の編集にあたり、次のソフトウェアを使用しました。

Microsoft 365 E5... **Microsoft 365 E5、Microsoft 365**
Microsoft Defender for Business .... **Microsoft Defender for Business、MDB**
Microsoft Defender for Endpoint Plan 1....... **Microsoft Defender for Endpoint P1、**
MDE P1
Microsoft Defender for Endpoint Plan 2....... **Microsoft Defender for Endpoint P2、**
MDE P2

Windows 11 Enterprise（バージョン22H2）.. **Windows 11、Windows**
Microsoft Edge .... **Microsoft Edge、Edge**
Google Chrome .... **Chrome**

　本書に掲載した画面は、一部の例外を除き、ウィンドウサイズを1280×1024ピクセルに設定しています。お使いのコンピューターやソフトウェアのパッケージの種類、セットアップの方法、ディスプレイの解像度などの状態によっては、画面の表示が本書と異なる場合があります。あらかじめご了承ください。

　また、MDEの管理ポータル（Microsoft 365 Defender管理センター）をはじめ、Microsoft 365が提供する機能やサービスは、新機能の追加や機能変更が頻繁に行われるほか、表記が日本語から英語、あるいは英語から日本語に変わることがあります。また、設定項目の既定値や並び順が変更されることもあります。あらかじめご了承ください。

　OSやテナントの言語設定、お使いのアプリケーションなどによって、円記号（¥）がバックスラッシュ（\）で表示される場合があります。本文では基本的に「¥」に統一しましたが、画面ショットでは「\」になっている場合もあります。あらかじめご了承ください。

Webサイトによる情報提供

本書に掲載されている製品情報について

　本書に掲載されているMicrosoft Defender for Endpoint等の製品情報は、本書の編集時点で確認済みのものです。最新情報はマイクロソフト社および各製品の提供元のサイトでご確認ください。

本書に掲載されているWebサイトについて

　本書に掲載されているWebサイトに関する情報は、本書の編集時点で確認済みのものです。Webサイトは、内容やアドレスの変更が頻繁に行われるため、本書の発行後、内容の変更、追加、削除やアドレスの移動、閉鎖などが行われる場合があります。あらかじめご了承ください。

訂正情報の掲載について

　本書の内容については細心の注意を払っておりますが、発行後に判明した訂正情報については本書のWebページに掲載いたします。URLは次のとおりです。

https://nkbp.jp/080298

Microsoft Defender for Endpointの概要

第 **1** 章

この章ではEDRや脆弱性管理の目的でデバイスの管理を行うことができるMicrosoft Defender for Endpoint（MDE）の概要について確認します。

1 マルウェア対策とEDR

デバイスにおけるマルウェア対策と言えば、これまでマルウェア対策ソフトがその役割を担ってきました。しかし近年、サイバー攻撃は巧妙化し、マルウェア対策ソフトだけで対応しきれなくなっている現状があります。こうした実態を踏まえ、私たちが行うべき対策についてみていきます。

マルウェア対策ソフトとその限界

マルウェア対策ソフト（EPP：Endpoint Protection Platform）はデバイスに含まれるファイルを検査し、デバイスに対して害を及ぼすようなプログラムやファイル（＝マルウェア）を検出します。EPPによるマルウェアの検出方法にはパターンマッチングと振る舞い検出の2つの方法があります。

パターンマッチング

あらかじめマルウェアの特徴を含むデータを定義ファイルとして持ち、デバイス内にあるファイルと照らし合わせてマルウェアを検出していく方法です。パターンマッチングでは定義ファイルに含まれている内容しか検出することができないため、定義ファイルに含まれていない、新種のマルウェアを検出できないというデメリットがあります。

振る舞い検出

「サンドボックス」と呼ばれる仮想空間でプログラムを実行し、別の実行プログラムを生成する、ダウンロードするなど、マルウェアのような振る舞いを検出し、マルウェアとして判定する検出方法です。パターンマッチングに比べて一定の誤検知が想定されますが、定義ファイルに含まれていない新種のマルウェアも検出できる可能性があります。

一方、現実の世界で起こる「マルウェアのような振る舞い」にはさまざまなものがあります。EPPがデバイスのローカルで動作して検出できる振る舞いは限定的なものであり、次々に登場するマルウェアに対応するためには新しい振る舞いを学習し、すぐに対応できるような体制が必要なのです。

EDRの登場

EDR（Endpoint Detection and Response）はデバイスで行われたファイル操作・ネットワークアクセス等のログを収集し、クラウド（またはサーバー）でログの解析を行うことで、攻撃を検出するサービスです。EDRは「監視カメラ」のようにデバイスでのすべての動きを撮影するため、攻撃につながるような動きを見つけ、必要な対応を行うことができる特徴があります。EPPではファイル単位でマルウェアであるかの判定を行いますが、EDRではファイルの形とかかわりなく攻撃に当たるような動きを検出する、対応するというメリットがあります。

インシデント対応プロセスとEDR

EDRはその言葉のとおり、デバイス（Endpoint）における不正アクセスにつながる行為を検出（Detection）し、対応（Response）するサービスです。そのため、インシデント対応のプロセスと密接なかかわりがあります。そのことを説明するために、ここではインシデント対応プロセスの代表的なステップ（検知・連絡受付→トリアージ→インシデント対応→報告・事後対応）とEDRの関係について確認します。

インシデント対応プロセス	検知・連絡受付	▶ トリアージ	▶ インシデント対応	▶ 報告・事後対応
EDRが提供する機能	アラートによる通知	インシデントの原因影響範囲の特定	封じ込め復旧	レポート作成に必要な情報の提供

検知・連絡受付

　インシデントが発生したことを検知する、インシデント対応の最初のステップです。デバイスでマルウェアなどによる不正アクセスがあった場合、EDRはアラートを出力して管理者等にそのことを知らせます。

トリアージ

　アラートによってインシデントの発生を認識したMDE管理者はその内容を精査し、それが対応の必要なインシデントであるかの判断を行います。適切な判断を行うためには元となる情報が必要となります。EDRでは何が原因でアラートを出力したのか、またケースによっては影響範囲がどこまでなのか、などの情報を提供します。これによりインシデントの重要度や誤検知であるかなどを判断することができます。

> **MDE管理者**
> インシデント対応の役割は自社とセキュリティベンダーで細分化されている場合もあれば、自社で内製化する場合もあります。また、セキュリティ管理者やSOC（Security Operation Center）メンバー、CSIRT（Computer Security Incident Response Team）メンバーなどさまざまな立場のユーザーがMicrosoft Defender for Endpoint（MDE）を扱う可能性があります。そのため、いずれの場合においてもMDEを利用する担当者を総称して本書では「MDE管理者」と表記しています。

インシデント対応

　インシデント対応が必要と判断した場合、不正アクセスによる被害拡大を防ぎ、影響範囲を限定的なものにするために被害に遭ったデバイスのネットワークからの分離を行います。EDRでは被害に遭ったデバイスの通信を遮断したり、アプリの実行を制限したりすることで封じ込めを実現します。同時に被害に遭ったデバイスは業務で再び利用可能な状態に復元すること（＝修復）が求められます。EDRではEDRサービスが持つ修復方法を記したデータ（＝プレイブック）を呼び出して実行することで修復を実現します。

報告・事後対応

　一連のインシデントでどのようなことが発生し、どのように対応したのか、また修復は正常に行われたのか、などの報告は然るべき相手に対して行う必要があります。EDRではインシデントを検出した場合、一連のログから発生した事象を列挙するなどして、必要に応じてレポートを作成するために報告に必要な情報を提供してくれます。

2 Microsoft Defender for Endpointの概要

マイクロソフトではMicrosoft Defender for Endpoint（MDE）を通じてEDRに相当するサービスを提供しています。ここではMDEが提供するサービスの特徴について解説します。

Microsoft Defender for Endpointの特徴

私たちが行うべきセキュリティ対策は自社で保有する情報資産の保護からインシデントの検出と対応まで多岐にわたります。MDEではインシデントの検出と対応を担当するEDRとしての特徴だけでなく、セキュリティ状態を監視することによる資産の保護を同時に提供するため、セキュリティ対策のために必要なサービスを一気通貫で利用できる特徴があります。具体的なサービスの特徴は次のとおりです。

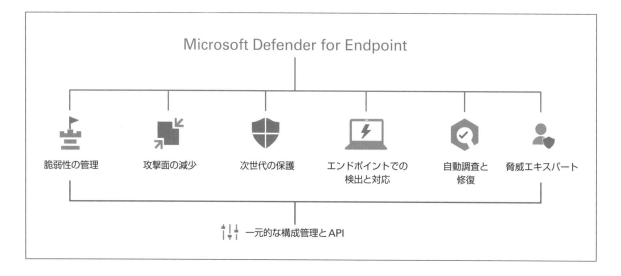

脆弱性の管理

「セキュリティポスチャ管理」とも呼ばれるセキュリティ状態の監視機能ではMDEによる監視対象となるデバイスにインストールされているアプリケーションやその設定をチェックし、アプリケーションの脆弱性や設定の不備を検出します。同時に推奨される設定を提案するため、脆弱性への対応を行ってインシデントを発生する確率を低減させることができます。

攻撃面の減少

Windowsデバイスに対するセキュリティ機能の集まりとして攻撃面の減少があり、その中のひとつに「攻撃面の減少ルール（ASRルール）」があります。攻撃面の減少ルールはWindowsデバイスに対する特定のソフトウェアの動作を制御するセキュリティ機能です。具体的にはOfficeアプリケーションのマクロ機能から別のプロセスが実行されることを制限したり、遠隔操作を目的として利用されるPsExecツール（Sysinternalsツールの1つ、https://learn.microsoft.com/ja-jp/sysinternals/downloads/psexecで入手可能）の実行を制限したりするなどの攻撃につながるようなアクションを制限するなどの特徴があります。MDEではWindowsデバイスに対する攻撃面の減少ルールの適用状況を参照したり、攻撃面の減少ルールの設定によるブロック状況を把握したりすることができます。

次世代の保護

Microsoft Defenderウイルス対策サービスを通じて、パターンマッチや振る舞い検出の方式によるマルウェアの検出とブロックを行います。また、「クラウド保護」と呼ばれるサービスによるマイクロソフトのクラウドサービスとリアルタイムで通信を行ってマルウェアを検出・ブロックしたり、パターンマッチングに使われる定義ファイルを自動的に更新したりすることができます。

エンドポイントでの検出と対応

Microsoft Defenderウイルス対策またはMDEを利用して攻撃を検出し、必要な対応を自動的に講じます。検出状況と対応状況についてはMicrosoft 365 Defenderのポータルサイトで一元的に参照できます。

自動調査と修復

MDEで攻撃を検出した場合、これまでに行われたデバイスでのアクティビティを調査し、攻撃の状況を把握します。そして、その状況が把握できたら攻撃による侵害を修復するために必要なアクションを実行し、デバイスを元の状態に戻す（修復する）ことができます。

脅威エキスパート

MDEの監視対象となるデバイスで攻撃があった際、Microsoft Defenderのエキスパート（専門家）にその攻撃を通知し、必要に応じて専門家と連携して特定のデバイスやアラートに対する対応について問い合わせることができます。

3 Microsoft Defender for Endpointのライセンス

　MDEでは複数のライセンス種類が用意されています。ここではライセンス種類の違いと、それぞれのライセンスで利用可能なサービスについて解説します。

ライセンスの種類

　MDEはユーザー単位で購入するサービスモデルで、1ユーザーライセンス当たり最大で5台までのクライアントデバイスを登録して利用することができます。ライセンスには企業規模や用途に合わせてMicrosoft Defender for Business、Microsoft Defender for Endpoint P1、Microsoft Defender for Endpoint P2の3種類があります。

Microsoft Defender for Business（MDB）

　ユーザー数300名以下の企業で利用可能なサービスで、専任のSOC/CSIRTメンバーを置かず、自動的なインシデント対応を行うことを前提にした、簡易的なEDRのサービスを提供します。また、脆弱性管理やMicrosoft Defenderウイルス対策との連携によるデバイス保護など、Microsoft Defender for Endpointに準じたサービスを提供します。MDBは単体ライセンスまたはMicrosoft 365 Business Premiumライセンスを通じて利用可能です。

　なお以降の説明ではMDBとMDEをまとめて「MDE」の呼称で解説しますが、MDB固有のサービス、MDE固有のサービスがあれば別途記載します。

Microsoft Defender for Endpoint P1（MDE P1）

　ユーザー数の制限なく利用可能なMDE P1は、この章の2で解説したMDEのサービス一覧のうち、攻撃面の減少と次世代の保護に絞ってサービスを提供します。EDRとしてのサービスは含まれない点に注意してください。MDE P1は単体ライセンス、またはMicrosoft 365 E3/Microsoft 365 A3ライセンスを通じて利用可能です。

Microsoft Defender for Endpoint P2（MDE P2）

　ユーザー数の制限なく利用可能なMDE P2は、この章の2で解説したMDEのすべてのサービス（脆弱性の管理、攻撃面の減少、次世代の保護、エンドポイントでの検出と対応、自動調査と修復、脅威エキスパート）が含まれます。自動的なインシデント調査と対応はもちろんのこと、必要に応じてインシデント対応の専門家と連携して手動での詳細調査を行うために必要なサービスを提供します。MDE P2は単体ライセンス、またはMicrosoft 365 E5/Microsoft 365 A5ライセンスを通じて利用可能です。

対応オペレーティングシステム

　MDEでは「MDEセンサー」と呼ばれるプログラムを通じてマイクロソフトのデータセンターと通信を行います。そのため、エンドポイントデバイスでMDEを利用開始するにはMDEセンサーが利用可能な状態にする必要があります。この設定を「オンボーディング」と呼びます。MDEによるオンボーディング可能なオペレーティングシステムは次のとおりです。

- Windows 11/10（Business/Pro/Enterprise）
- Windows 8.1/7（Pro/Enterprise、MDE P2のみ）

- Windows Server 2022/2019/2016/2012 R2/2008（Microsoft 365 E5から提供されるMDE P2のみ）[※1]
- macOS
- iOS/iPadOS[※2]
- Android[※2]
- Linux[※3]

（※1）Windows Serverに対するライセンスはMDEのユーザーライセンスを50個以上保有する場合に対象サーバーインスタンス1つ分が付与されます。そのほかの方法でライセンスを取得してWindows Serverをオンボードする必要がある場合、MDE P1またはMDE P2の場合はMicrosoft Defender for Cloudライセンスから利用可能なMicrosoft Defender for Serversを通じて、MDBの場合はMicrosoft Defender for Businessサーバーライセンスを通じて、それぞれ提供されます。

（※2）MDBの場合、対象デバイスがMicrosoft Intuneに登録されていることが前提条件となります。

（※3）利用可能なディストリビューションなどの詳細な要件についてはマイクロソフトの次のドキュメントで確認してください。
「Linux用Microsoft Defender for Endpoint」
https://learn.microsoft.com/ja-jp/microsoft-365/security/defender-endpoint/microsoft-defender-endpoint-linux?view=o365-worldwide

> デバイスを登録する処理を「オンボーディング」または「オンボード」と表現しますが、本書では「オンボーディング」で統一して表現しています。

> Microsoft Intune（以下、Intune）とはMicrosoft 365に含まれるWindows, iOS, Android等のデバイス管理を行うクラウドサービスです。Intuneについては姉妹書『ひと目でわかるIntune　改訂新版』（日経BP、2021年）を参照してください。

MDB/MDE P1/MDE P2で利用可能なサービス一覧

　MDB/MDE P1/MDE P2の各ライセンスでは提供される機能が異なります。ここではそれぞれのライセンスで利用可能な機能一覧をまとめました。それぞれの機能の詳細については後続の章で確認してください。

機能	Microsoft Defender for Business	Microsoft Defender for Endpoint P1	Microsoft Defender for Endpoint P2
一元管理	●	●	●
クライアント構成の簡略化	●		
Microsoft Defender脆弱性の管理	●		●
攻撃面の減少	●	●	●
次世代の保護	●	●	●
エンドポイントでの検出と対応	●		●
自動調査と修復	●		●
Advanced hunting			●
脅威分析	●		●
クロスプラットフォームサポート（Windows、Mac、iOS、Android OS）	●	●	●
Microsoft脅威エキスパート			●
パートナーAPI	●	●	●
Microsoft 365 Lighthouse統合（顧客テナント間のセキュリティインシデントを表示する場合）	●	●	●

OS種類別利用可能なサービス一覧

　MDEで提供されるサービスはOS種類によって利用可能なサービスが異なります。後続の章で解説する個々のサービスがお使いのOSで利用可能であるか、下表で確認してください。

機能	Windows 11/10	Windows Server	macOS	Linux	iOS	Android
EDR	●	●	●	●		
インシデントの出力	●	●	●	●		
自動調査	●1	●2				
タイムラインによる調査	●	●	●	●		
エージェントをインストールしないオンボーディング	●	●2				
ブロックモード EDR	●	●				
ファイルの詳細な分析	●	●2				
SmartScreen による制御	●3	●2				
個別のデバイスに対するアクション（ファイルのブロック）	●4	●				
個別のデバイスに対するアクション（ファイルの検疫、デバイスの分離、MDAVの操作、調査パッケージ）	●4	●2				
ファイルの収集	●4	●1				
Advanced hunting	●	●	●	●	●	●
Advanced hunting ベースでのカスタム検出	●	●	●	●		
IPアドレスベースでのブロックリスト	●4				●	●
ファイルハッシュベースでのブロックリスト	●4	●5				
URL/ドメイン名ベースでのブロックリスト	●4				●	●
証明書ベースでのブロックリスト	●4	●5				
ネットワーク保護	●2	●1				
Live Response	●6					
脆弱性の管理	●7	●				
セキュアスコア	●8	●				

1 Windows 10 1709＋KB4493441、またはWindows 10 1803以降
2 Windows Server 2019以降
3 Windows 10 1709以降
4 Windows 10 1703以降
5 Windows Server 2016以降

6 Windows 10 1709＋March 2020 Update、またはWindows 10 1903以降
7 Windows 10 1709＋KB4493441、Windows 10 1803＋KB4493464、またはWindows 10 1803以降
8 Windows 10 1607、1703に関しては限定的な対応

ライセンスについては2023年1月の情報に基づきます。そのため、最新のライセンスおよびOS別の利用可能な機能についてはマイクロソフトの次のドキュメントを参照してください。

「Microsoft エンドポイントセキュリティ計画の比較」
https://learn.microsoft.com/ja-jp/microsoft-365/security/defender-endpoint/defender-endpoint-plan-1-2?view=o365-worldwide

「プラットフォーム別にサポートされている Microsoft Defender for Endpoint 機能」
https://learn.microsoft.com/ja-jp/microsoft-365/security/defender-endpoint/supported-capabilities-by-platform?view=o365-worldwide

4 Microsoft Defender for Endpointの初期設定（Windows/iOS/Android）

　MDEを利用開始する場合、ライセンスの取得とオンボーディングの2つが必要な作業になります。ここではライセンス取得の手順とWindows/iOS/Androidの各デバイスにおけるオンボーディングの手順について解説します。

ライセンスの取得

　この章の3でも解説したようにMDEにはMDB/MDE P1/MDE P2の3種類のライセンスがあり、それぞれMicrosoft 365ライセンスを通じて利用する方法と、単体のライセンスを利用する方法があります。つまり次の6種類のライセンスが存在します。

1. Microsoft Defender for Business単体ライセンス
2. Microsoft 365 Business Premiumライセンスを通じてMDBを利用
3. Microsoft Defender for Endpoint P1単体ライセンス
4. Microsoft 365 E3ライセンスを通じてMDE P1を利用
5. Microsoft Defender for Endpoint P2単体ライセンス
6. Microsoft 365 E5ライセンスを通じてMDE P2を利用

　このうち2については、Microsoft 365 Business Premiumサイト（https://www.microsoft.com/ja-jp/microsoft-365/business/microsoft-365-business-premium?activetab=pivot%3aoverviewtab）などから購入することができます。一方、1、3、4、5、6についてはMicrosoft 365管理センター（https://admin.microsoft.com/）にアクセスし、ライセンスを購入します（マイクロソフトパートナー企業などから購入することも可能）。Microsoft 365管理センターから購入する場合、事前にMicrosoft 365管理センターにアクセスするためのAzure Active Directory（Azure AD）アカウントを用意しておく必要があります。Azure ADアカウントはOffice 365などのマイクロソフトの企業向けクラウドサービスにサインインするときのIDとして使われているため、既にOffice 365等を利用している企業であれば、Office 365等にアクセスするときのIDとパスワードがAzure ADアカウントに当たります。一方Office 365などのマイクロソフトの企業向けクラウドサービスを利用していない場合はMicrosoft Azureから新規作成することができます。

> Azure AD自体の新規作成方法については姉妹書『ひと目でわかるAzure Active Directory　第3版』（日経BP、2020年）を参照してください。

　本手順ではAzure ADアカウントを保有している前提で次のステップによるライセンスの取得手順を確認します。

ステップ1：ライセンスの取得

▼

ステップ2：ユーザーに対するライセンスの割り当て

ステップ1：ライセンスの取得

①Webブラウザーから、Microsoft 365管理センター（https://admin.microsoft.com/）のURLにアクセスする。

②サインイン画面で、グローバル管理者などのロールが割り当てられたAzure ADアカウントのIDとパスワードを入力し、サインインする。

③Microsoft 365管理センター画面で、左側のメニューから［課金情報］－［サービスを購入する］をクリックする。

④[サービスを購入] 画面で、利用するサービスの [詳細] をクリックする。
　●取得するライセンスが単体ライセンス（前述の1、3、5）の場合は [カテゴリ別に表示] の [セキュリティ] を
　　クリックするとサービス一覧に表示され、Microsoft 365ライセンスを通じて利用する（前述の4、6）場合は
　　[カテゴリ別に表示] の [Microsoft 365] をクリックするとサービス一覧に表示される。ここでは例として
　　Microsoft 365 E5の無料試用版を選択するため、[カテゴリ別に表示] の [Microsoft 365] をクリックする。

⑤[すべてのMicrosoft 365製品の（36）を表示] をクリックする。
　●かっこ内の数字は異なる場合がある。

⑥［Microsoft 365 E5］の［詳細］をクリックする。

⑦［Microsoft 365 E5］画面で、［無料試用の開始］をクリックする。

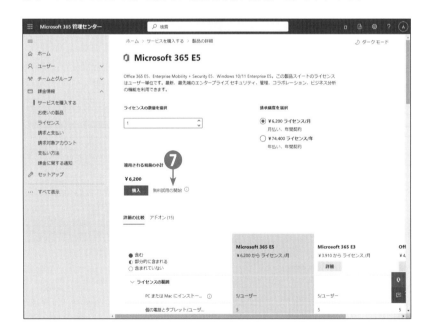

⑧[ロボットではないことを証明してください]画面で、自身の携帯電話番号を入力して[自分にテキスト送信]をクリックする。

●国番号が「(+81)」と表示されていないときは、クリックして[(+81)日本]を選択する。

⑨[ロボットではないことを証明してください]画面で、携帯電話に届いたショートメッセージに記載されている番号を入力して[無料試用版の開始]をクリックする。

⑩［注文の確定］画面で、［無料トライアル］をクリックする。

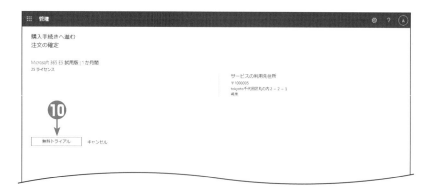

⑪［注文の受領書］画面で、［続行］をクリックする。

⑫ Microsoft 365管理センター画面で、［課金情報］－［ライセンス］をクリックし、［Microsoft 365 E5］がライセンス一覧に追加されていることを確認する。

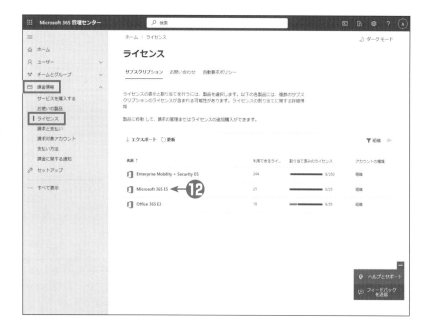

ステップ2：ユーザーに対するライセンスの割り当て

①Microsoft 365管理センター画面で、[課金情報]－[ライセンス]をクリックして[Microsoft 365 E5]をクリックする。

②[Microsoft 365 E5]画面で、[ライセンスの割り当て]をクリックする。

③［ユーザーへのライセンスの割り当て］画面で、Microsoft 365 E5のライセンスを割り当てるユーザーのユーザー
名を入力する。

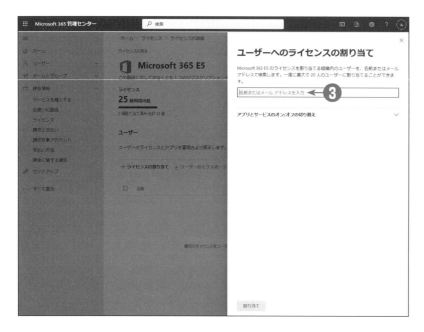

④ユーザー名を入力したら、［割り当て］をクリックする。

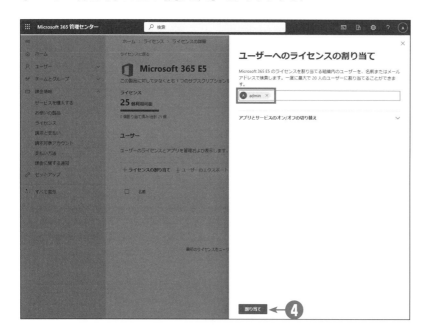

⑤ライセンス割り当てが完了したら、画面右上の［×］をクリックする。

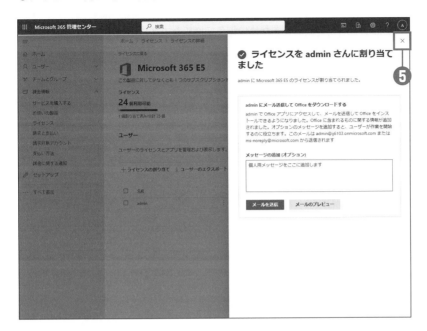

⑥［Microsoft 365 E5］画面で、ユーザーにMicrosoft 365 E5ライセンスが割り当てられたことが確認できる。

オンボーディング

　オンボーディングとはデバイスをMDEによる監視対象にするために行う初期設定です。この章の3で解説した対応OSを監視対象にする場合、デバイスごとにオンボーディング設定を行う必要があります。ここではWindows、iOS、Androidデバイスを対象にオンボーディング設定を行います。

Windowsデバイスに対するオンボーディング設定

　一般的なEDR製品の場合、監視対象となるデバイスにクライアントエージェントをインストールしますが、MDEではWindows OSの標準機能を利用して監視を行うため、特別なアプリをインストールする必要がないというメリットがあります。そのため、オンボーディングプロセスも非常に簡単に済ませることができます。

①Webブラウザーから、Microsoft 365 Defender管理センター（https://security.microsoft.com/）のURLにアクセスする。

②サインイン画面で、グローバル管理者などのロールが割り当てられたAzure ADアカウントのIDとパスワードを入力し、サインインする。

③Microsoft 365 Defender管理センター画面で、左側のメニューから［アセット］-［デバイス］をクリックする。

Microsoft 365 E5 または Microsoft Defender for Endpoint単体のライセンスを取得してから初めてオンボーディングを行う場合、本手順で示すように［アセット］-［デバイス］メニューにアクセスして［お待ちください。データ用の新しい領域を準備して接続しています。］の表示が消えるまでお待ちください。

MDEのライセンスを取得してからMicrosoft 365 Defender管理センター画面に［アセット］-［デバイス］メニューが表示されるまでにおよそ48時間程度要する場合があります。

④［デバイスのインベントリ］画面で、［オンボードデバイス］をクリックする。

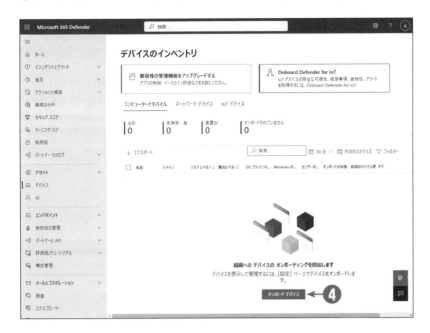

⑤［エンドポイント］画面で、［展開方法］から［グループポリシー］を選択し、［オンボードパッケージのダウンロード］をクリックする。

［エンドポイント］画面へのアクセスはMicrosoft 365 Defender管理センター画面の左側のメニューから［設定］－［エンドポイント］－［オンボーディング］をクリックしてアクセスすることもできます。

⑥オンボーディング対象のWindowsデバイスに手順❺でダウンロードしたZIPファイルをコピーする。

⑦オンボーディング対象のWindowsデバイスでコピーしたZIPファイルを展開し、WindowsDefenderATPOnboardingScript.cmdファイルを右クリックして［管理者として実行］をクリックする。

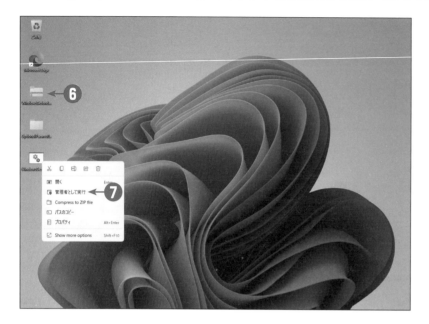

⑧Microsoft 365 Defender管理センター画面で、左側のメニューから、［アセット］－［デバイス］をクリックする。するとオンボーディングが完了し、［デバイスのインベントリ］メニューの一覧にオンボーディングしたデバイスが登録されていることが確認できる。

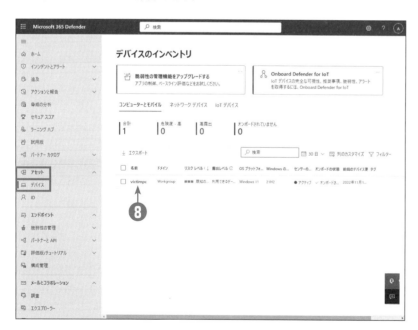

オンボーディング結果が確認できるまでに時間を要する場合があります。

iOS/Androidデバイスに対するオンボーディング設定

MDEはiOS/Androidデバイスへのメールサイト、電子メール、アプリからのフィッシングや安全でないネットワーク接続に対する保護機能を提供します。これらの保護機能はApp Store（Androidの場合はGoogle Play）から提供されるMicrosoft Defenderアプリを利用して実現します。そのため、iOS/AndroidデバイスでのオンボーディングにはMicrosoft Defenderアプリのインストールとデバイスの登録がそれぞれ必要になります。iOSとAndroidでは利用するアプリストアが異なるだけで同じ手順でインストールするため、本手順ではiOSデバイスを例にオンボーディング設定を確認します。

なおiOSデバイスを登録する場合、Intuneにデバイスが登録されていること、またはMicrosoft Authenticatorアプリがインストールされていることが前提条件となります。そのため、本手順ではMicrosoft Authenticatorアプリをはじめにインストールし、その後Microsoft Defenderアプリをインストールします。AndroidデバイスにMicrosoft Defenderアプリをインストールすることを想定して手順を確認する場合は手順⓰から参照してください。

①PCからWebブラウザーを開き、Microsoft Authenticatorサイト（http://aka.ms/mfasetup）のURLにアクセスする。
②サインイン画面で、iOSデバイスを利用するAzure ADアカウントのIDとパスワードを入力してサインインする。
③［最初にアプリを取得します］画面で、［次へ］をクリックする。

④［アカウントのセットアップ］画面で、［次へ］をクリックする。

⑤[QRコードをスキャンします] 画面で、QRコードが表示されていることを確認する。

⑥iOSデバイスでApp Storeを開く。

⑦App Store画面で、検索ボックスに**microsoft authenticator**と入力してMicrosoft Authenticatorアプリを入手する。

⑧Microsoft Authenticatorアプリのインストールが完了したら、[開く]をタップする。

⑨Microsoft Authenticator画面で、[アカウントを追加]をタップする。

⑩[アカウントを追加] 画面で、[職場または学校アカウント] をタップして [QRコードをスキャン] をタップする。

⑪ 起動したQRコードリーダーで、手順❺で表示されたQRコードを読み取る。

⑫ Microsoft Authenticator画面で、自身のアカウントが登録されたことを確認する。

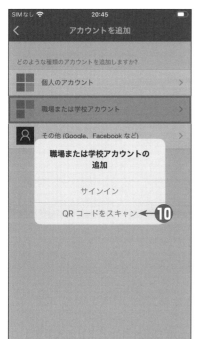
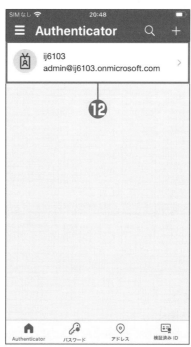

⑬ PCに移動し、[QRコードをスキャンします] 画面で [次へ] をクリックする。

⑭ 通知が承認されたら、［次へ］をクリックする。

⑮ ［成功］画面で、［完了］をクリックする。

⑯ iOS デバイスに移動し、App Store を開く。

⑰App Store 画面で、検索ボックスに **microsoft defender** と入力して Microsoft Defender アプリを入手する。

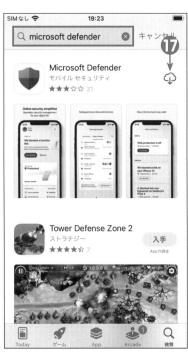

⑱Microsoft Defenderアプリのインストールが完了したら、［開く］をタップする。

⑲Microsoft Defenderのサインイン画面で、MDEのライセンスを持つAzure ADアカウントのIDとパスワードを入力してサインインする。

⑳［Microsoft Defenderへようこそ］画面で、［使用条件に同意します］にチェックを入れて［承諾する］をタップする。

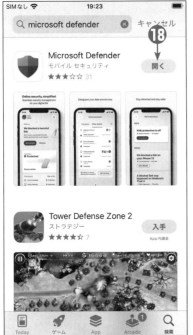

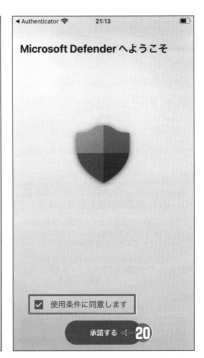

オンボーディング方法

Windowsデバイスを対象とするオンボーディングでは次の展開方法をサポートしています。

- ローカルでスクリプトを実行してオンボーディング
- グループポリシー経由でオンボーディング
- Configuration Manager（旧Endpoint Configuration Manager）経由でオンボーディング
- Intune経由でオンボーディング
- VDIデバイスを対象としたオンボーディング

オンボーディング対象のデバイスがどのような形態で管理されているかに合わせてオンボーディング方法を選択することができます。グループポリシー、Configuration Manager、Intuneなどの展開テクノロジを利用せず、クライアントデバイスで直接スクリプトを実行してオンボーディングする場合、展開方法としてグループポリシーを選択し、スクリプトを入手することをお勧めします。グループポリシーを利用した展開方法はグループポリシーを利用しない場合でも利用可能だからです。なお、ローカルスクリプトによる展開方法は最大で10台のデバイスを対象にオンボーディングできるスクリプトなので現実の運用には不向きです。

㉑ [Microsoft Defenderがローカルの VPN 接続の設定を許可します] 画面で、[許可] をタップする。

㉒ ["MS Defender" が VPN 構成の追加を求めています] 画面で、[許可] をタップする。

㉓ ["MS Defender" は通知を送信します。よろしいですか？] 画面で、[許可] をタップする。これにより iOS デバイスのオンボーディングが完了し、フィッシングサイト等へのアクセスが検出されたときに Microsoft Defender による通知が行われる。

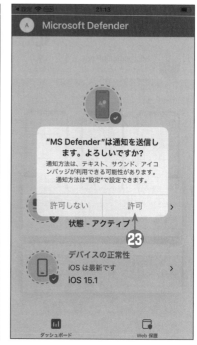

オンボーディング中またはオンボーディング後のデバイスが MDE との間で通信を行う際、次のマイクロソフトの Web サイトで示される URL へのアクセスが発生します。組織で利用するプロキシサーバーやファイアウォールなどで URL を設定する必要がある場合、マイクロソフトの次のドキュメントを参考に設定してください。

「デバイスプロキシとインターネット接続の設定を構成する」の「プロキシサーバー内の Microsoft Defender for Endpoint サービス URL へのアクセスを有効にします。」
https://learn.microsoft.com/ja-jp/microsoft-365/security/defender-endpoint/configure-proxy-internet?view=o365-worldwide#enable-access-to-microsoft-defender-for-endpoint-service-urls-in-the-proxy-server

5 Microsoft Defender for Endpointの管理ロール

　管理者としてMDEを操作する場合、必要なロールが割り当てられている必要があります。ロールの割り当て方法にはAzure Active Directory管理センターから割り当てる方法とMicrosoft 365 Defender管理センターから割り当てる方法があります。ここではそれぞれの方法について確認します。

Azure Active Directory管理センターからのロール割り当て

　Azure Active Directory管理センター（以下、Azure AD管理センター）では［グローバル管理者］ロールまたは［セキュリティ管理者］ロールを割り当てることによってMDE全体の管理（Microsoft 365 Defender管理センターでのすべての操作）を行うことができます。ここでは「kunii」という名前のAzure ADユーザーを対象に［セキュリティ管理者］ロールを割り当てる方法について確認します。

①Webブラウザーから、Azure AD管理センター（https://aad.portal.azure.com/）のURLにアクセスする。
②サインイン画面で、［グローバル管理者］などのロールが割り当てられたAzure ADアカウントのIDとパスワードを入力してサインインする。
③Azure AD管理センター画面で、左側のメニューから［Azure Active Directory］をクリックし、［ロールと管理者］をクリックする。

④［ロールと管理者｜すべてのロール］画面で、［セキュリティ管理者］をクリックする。

⑤［セキュリティ管理者｜割り当て］画面で、［割り当ての追加］をクリックする。

⑥[割り当ての追加］画面で、ロールを割り当てるユーザー（ここでは kunii）を選択して［追加］をクリックする。
　●画面では検索ボックスを利用してユーザーを検索している。

⑦[セキュリティ管理者｜割り当て］画面で、ユーザーが追加されたことを確認する。

⑧Web ブラウザーをいったんすべて閉じてから、改めて開く。

⑨Web ブラウザーから、Microsoft 365 Defender 管理センター（https://security.microsoft.com/）のURLにアクセスする。

⑩サインイン画面で、［セキュリティ管理者］ロールが割り当てられた Azure AD アカウントのIDとパスワードを入力してサインインする。

⑪ Microsoft 365 Defender管理センター画面で、左側のメニューから［アセット］-［デバイス］をクリックし、MDEにオンボーディングされたデバイス一覧が参照できることを確認する。

● ここでは操作しないが、［セキュリティ管理者］ロールが割り当てられている場合、すべての操作を行うことができるため、デバイス一覧を参照するだけでなく、個別のデバイスに対する操作を行うことも可能。

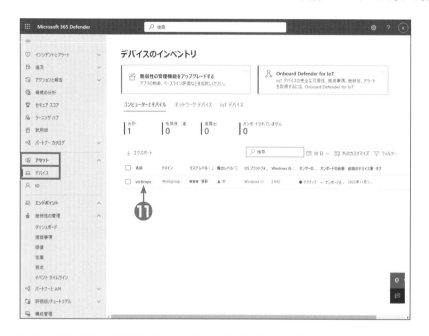

> ［セキュリティ管理者］ロールの代わりに［セキュリティ閲覧者］ロールを割り当てた場合、Microsoft 365 Defender管理センターの中での設定の参照だけを行うことができます。

Microsoft 365 Defender管理センターからのロール割り当て

　Azure AD管理センターからロール割り当てを行った場合、MDE全体の管理を行うことができました。一方、部分的な管理権限を特定のユーザーに割り当てたい場合、Microsoft 365 Defender管理センターからロールの割り当てを行う必要があります。Microsoft 365 Defender管理センターから割り当て可能な、代表的なロールに次のようなものがあります。

ロール	説明
データを表示	MDEの既存の設定や状態を参照することができる
アクティブ修復処理・セキュリティ対策	インシデントが発生したデバイスに対する応答アクションの実行やアクションに対する承認/却下、インジケーターの設定を行うことができる
アクティブ修復処理・脅威と脆弱性の管理	脆弱性の管理の画面に表示される内容に対する例外設定や修復のためのチケット管理などを行うことができる
警告を調査	アラートの管理、自動調査の開始、オンボーディングデバイスに対するスキャンの実行、調査パッケージの収集、デバイスタグの管理を行うことができる
Security Centerでセキュリティ設定を管理する	アラートの抑制設定、自動化設定のカスタマイズ、管理者に対する電子メールでの通知設定の管理と評価ラボの管理を行うことができる
Live Responseの機能	Live Response経由でのオンボーディングデバイスに対する操作を行うことができる［基本］を選択した場合はLive Responseの基本コマンドの実行、［上級］を選択した場合はローカルとオンボーディングデバイス間のファイルのやり取りを行うことができる

　本手順では「kunii」という名前のAzure ADユーザーを対象に［データを表示］ロールを割り当てる方法について確認します。なお、Microsoft 365 Defender管理センターから割り当てるロールの場合、ユーザーに対して直接ロールを割り当てることができず、Azure ADグループに対してのみ割り当てることができるため、ここでは「MDEAdmins」という名前のグループを作成し、そのうえでロール割り当てを行います。

①Webブラウザーから、Azure AD管理センター（https://aad.portal.azure.com/）のURLにアクセスする。
②サインイン画面で、［グローバル管理者］などのロールが割り当てられたAzure ADアカウントのIDとパスワードを入力してサインインする。
③Azure AD管理センター画面で、左側のメニューから［Azure Active Directory］をクリックし、［グループ］をクリックする。

④［グループ | すべてのグループ］画面で、［新しいグループ］をクリックする。

⑤［新しいグループ］画面で、［グループ名］に**MDEAdmins**と入力し、［メンバーが選択されていません］リンクをクリックする。

⑥［メンバーの追加］画面で、ロールを割り当てるユーザー（ここでは kunii）を選択して［選択］をクリックする。
　　●画面では検索ボックスを利用してユーザーを検索している。

⑦［新しいグループ］画面で、［作成］をクリックする。

⑧［グループ｜すべてのグループ］画面で、MDEAdminsグループが作成されたことを確認する。

⑨Webブラウザーから、Microsoft 365 Defender 管理センター（https://security.microsoft.com/）のURLにアクセスする。

⑩Microsoft 365 Defender管理センター画面で、左側のメニューから［設定］をクリックする。

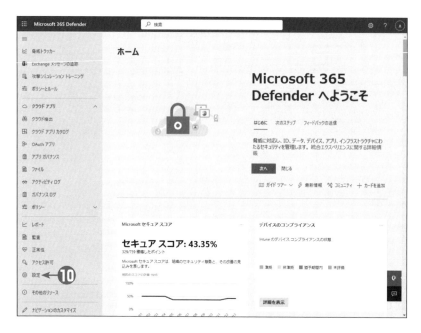

⑪［設定］画面で、［エンドポイント］をクリックする。

⑫［エンドポイント］画面で、［ロール］をクリックし、［Turn on roles］をクリックする。

⑬表示された画面で、［アイテムを追加］をクリックする。

⑭ [ロールを追加] 画面の [全般] タブで、[ロール名] に任意の名前を入力 (ここでは**閲覧者**と入力) し、[アクセス許可] で [データを表示] にチェックが入っていることを確認する。確認できたら [次へ] をクリックする。

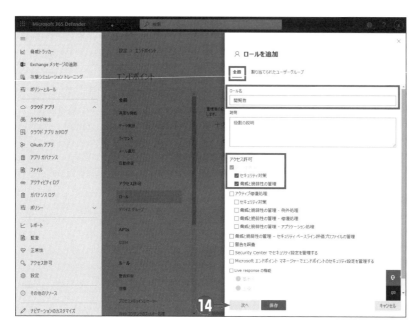

⑮ [割り当てられたユーザーグループ] タブで、[MDEAdmins] グループにチェックを入れて [↑選択したグループを追加します。] をクリックする。

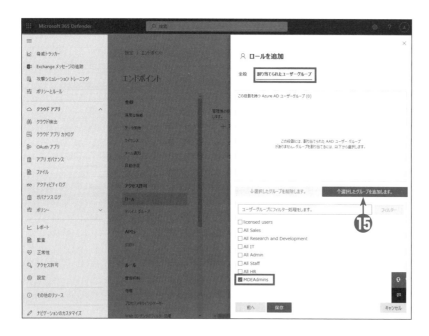

⑯MDEAdminsグループが画面上部に追加されたことを確認し、［保存］をクリックする。

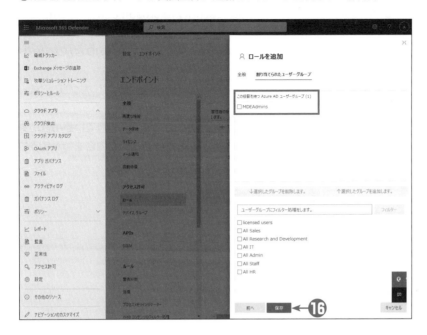

⑰［エンドポイント］画面で、「閲覧者」という名前のロールが作成されたことが確認できる。これによりMDEAdminsグループのメンバーに［データを表示］ロールが割り当てられたことになる。

⑱Webブラウザーをいったんすべて閉じてから、改めて開く。

⑲Webブラウザーから、Microsoft 365 Defender管理センター（https://security.microsoft.com/）のURLにアクセスする。

⑳サインイン画面で、先ほど作成した「閲覧者」のロールが割り当てられたAzure ADアカウントのIDとパスワードを入力してサインインする。

㉑Microsoft 365 Defender管理センター画面で、左側のメニューから［アセット］－［デバイス］をクリックし、MDEにオンボーディングされたデバイス一覧が参照できることを確認する。

- ●ここでは操作しないが、「閲覧者」のロール（実態は［データを表示］ロール）が割り当てられている場合、すべてのメニューの閲覧ができるため、デバイス一覧を参照するだけでなく、個別のデバイスの内容を参照することも可能。

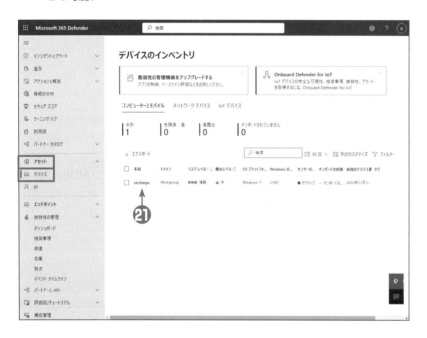

セキュアスコアに
基づく脆弱性管理

第 **2** 章

この章では脆弱性管理の手法について説明します。Microsoft Defender for Endpoint（MDE）にはセキュアスコアおよび脆弱性管理が導入されています。脆弱性管理の要素として、オンボーディングしたデバイスやソフトウェアなどの「インベントリ」、外部からアクセスできる脆弱性や設定不備などの「露出（エクスポージャー）」、セキュリティリスク軽減の「対策」があります。脆弱性管理では、オンボーディングされたデバイスのインベントリ情報を収集し、継続的にセキュリティリスクになりえる設定の不備やソフトウェアの脆弱性を検出し、推奨事項に従い対策を行います。

1 セキュアスコアに基づく 脆弱性の把握

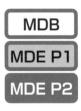

MDB
MDE P1
MDE P2

セキュアスコアは、組織のセキュリティ態勢を評価する指標となり、改善を行うための推奨事項が提示されます。セキュアスコアは推奨事項ごとにポイントが割り当てられ、そのポイントはID、データ、デバイス、アプリのカテゴリに分類されます。

セキュアスコアの表示

セキュアスコアは［Microsoftセキュアスコア］画面に表示されます。この画面は次の手順で表示します。

①Webブラウザーから、Microsoft 365 Defender管理センター（https://security.microsoft.com/）のURLにアクセスする。
②サインイン画面で、［グローバル管理者］などのロールが割り当てられたAzure ADアカウントのIDとパスワードを入力してサインインする。
③Microsoft 365 Defender管理センター画面で、左側のメニューから［セキュアスコア］をクリックする。
④［Microsoftセキュアスコア］画面が表示される。

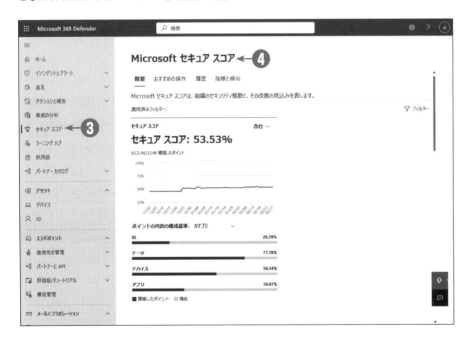

セキュアスコアの内容

［Microsoftセキュアスコア］画面は、［概要］［おすすめの操作］［履歴］［指標と傾向］タブで構成されています。［おすすめの操作］タブの内容は、［脆弱性の管理］－［推奨事項］で表示される［セキュリティに関する推奨事項］画面と重複するものもあります。

［概要］タブ

　［概要］タブに表示される［セキュアスコア］カードには、現在の組織のセキュリティ態勢を評価する指標として数値化された情報が表示されます。セキュアスコアは推奨事項の合計ポイントのうち達成したポイント数がパーセンテージで表示されます。セキュアスコアのベースラインとして使用される製品は今後の機能追加で増える予定ですが、本書執筆時点では次のとおりです。

- Microsoft 365（Exchange Onlineを含む）
- Azure Active Directory
- Microsoft Defender for Endpoint
- Microsoft Defender for Identity
- Microsoft Defender for Cloud Apps
- Microsoft Information Protection
- Microsoft Teams
- Salesforce
- Service Now
- アプリガバナンス

　これらの製品に関する推奨事項が設定され、その推奨事項が実施されるとポイントが加算されます。またID、データ、デバイス、アプリのカテゴリごとの達成率を確認することができます。セキュアスコアは随時更新され情報が反映されます。

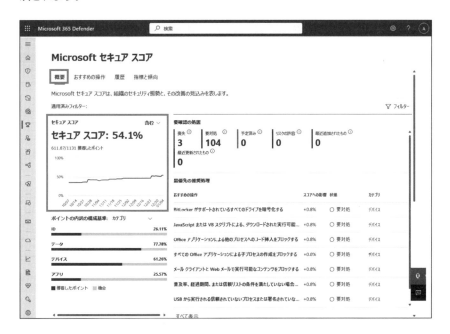

［おすすめの操作］タブ

　セキュリティリスクの軽減を行うための推奨事項の一覧が表示されます。これはセキュアスコアに影響するポイントの高いものから順に表示されるので、対処する優先順位を決定する際の指標として参考になります。この一覧では、推奨事項の状態、獲得したポイント数、カテゴリ、製品などを確認することができます。

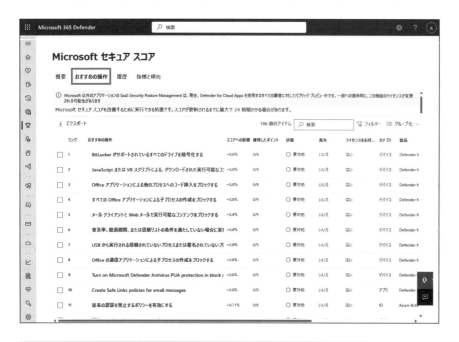

［履歴］タブ

　時間の経過に伴うセキュアスコアのグラフを表示します。その際、指定した日付の範囲での増減値をパーセンテージで表示します。グラフの下には、実行されたアクションの一覧が表示されます。

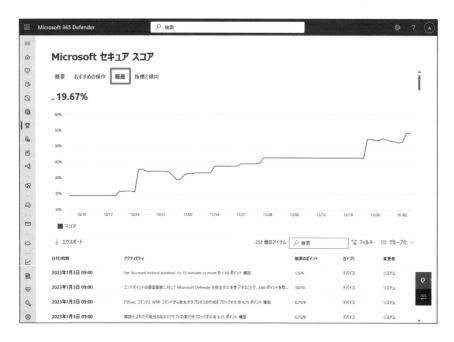

[指標と傾向] タブ

セキュアスコアの変化の傾向を把握するための複数のグラフが提供されています。提供されているグラフは次のとおりです。

グラフ	説明
セキュアスコアゾーン	スコアゾーンを [悪い]、普通 (画面では [OK])、[良好] の3つに分けてそれぞれのパーセンテージを表示。[機会] は100から現在のスコアを引いた範囲。
比較の傾向	類似規模の組織とのセキュアスコアの比較 (組織はMDEが自動的に選択する)
スコアの変化	直近のスコア変化の状況をパーセントで表示
喪失の傾向	失ったポイントのタイムライン
リスクの許容の傾向	リスク許容された [おすすめの操作] のタイムライン

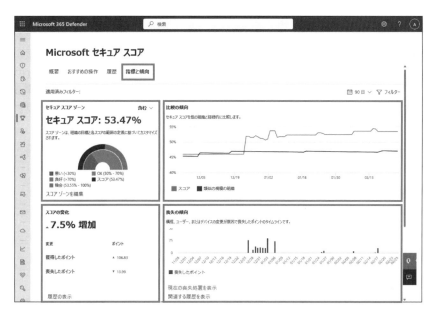

2 インベントリの確認

脆弱性管理を行う際に、自社で使用しているソフトウェア製品を把握（ソフトウェアのインベントリ管理）することは非常に重要な要素になります。しかしながら、ソフトウェアのリストを手動で作成することは大きな組織ほど困難な作業で多くの時間を費やす必要があるでしょう。MDEではエンドポイントのデバイスが使用しているソフトウェア情報を自動的に収集して管理することができます。また、ソフトウェアと脆弱性という他の情報とのマッチングが必要になります。そのためにはソフトウェアと脆弱性の情報を紐付ける仕組みが必要になります。

CPEとは

CPE（Common Platform Enumeration：共通プラットフォーム一覧）とは、ソフトウェアやハードウェアを識別するためのIDです。NIST[*1]が公開しているNVD[*2]に登録されたCPEは「Official Common Platform Enumeration Dictionary」として公開されています。NVDでは個々の脆弱性に固有のCVE ID[*3]を割り当てすることで、脆弱性とソフトウェアの関連を識別可能な状態で公開しています。この公開されているCPEを使用してソフトウェアの脆弱性を識別しています。

[*1] NIST（National Institute of Standards and Technology）：米国国立標準技術研究所。米国の科学技術分野における計測と標準に関する研究を行う機関。
http://www.nist.gov/
[*2] NVD（National Vulnerability Database）：NISTが運営する脆弱性データベース。
http://nvd.nist.gov/
[*3] CVEはCommon Vulnerabilities and Exposures（共通脆弱性識別子）の略。この章の3の［弱点］メニュー」も参照。

インベントリの種類

MDEではデバイスとソフトウェアの2種類のインベントリを管理できます。

デバイスのインベントリは［アセット］−［デバイス］メニューから確認できます。この画面ではMDEにオンボーディングされたデバイスの一覧が表示されます。

ソフトウェアのインベントリは、［脆弱性の管理］－［在庫］メニューから確認できます。

　ソフトウェアのインベントリでは、組織にインストールされたソフトウェアの名前、OS、ベンダー、脆弱性などの情報を確認することができます。既定のビューでは、CPEに登録されているソフトウェアが一覧表示されます。フィルターを使用してCPEに登録されていないソフトウェア（フリーウェアなど）を表示することができます。つまり組織内にインストールされているすべてのソフトウェアを表示して確認できますが、CPEに登録されていないソフトウェアの脆弱性管理はサポートされません。一覧表示されているソフトウェアにチェックを入れると詳細画面が開き、［ソフトウェアの詳細］と［インストールされているデバイス］の情報を確認することができます。

詳細画面で［ソフトウェアページを開く］をクリックすると、そのソフトウェアのページに移動し、ソフトウェアの視点から脆弱性管理を行うことができます。

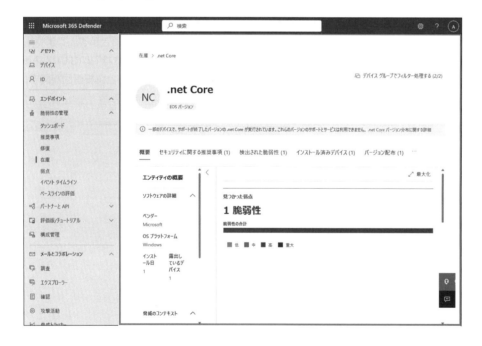

3 脆弱性管理

脆弱性への対応は、[脆弱性の管理] メニューの［ダッシュボード］からスタートします。ダッシュボードで脆弱性管理に必要な情報の一覧を確認します。その後、推奨事項に提示されるリスク軽減の内容を把握し関連する情報をさまざまな視点から確認します。そして対応する推奨事項の優先順位を決めて、対策を登録して進捗管理を行います。

管理フロー

脆弱性管理の大まかなフローは次のようになります。

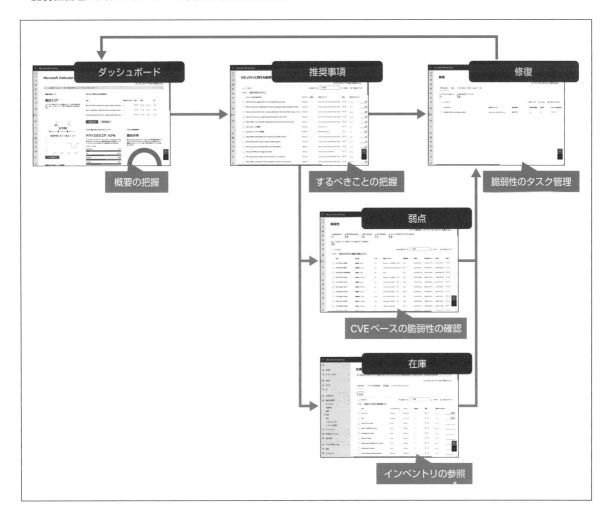

[ダッシュボード] メニュー

　ダッシュボードでは、脆弱性管理にかかわるさまざまな情報を把握するためのカードが提供されています。これらのカードを参照することで概要を把握します。提供されているカードは次のとおりです。

カード	説明
組織の露出スコア	デバイスに関連付けられている現在の露出スコア
セキュリティに関する主な推奨事項	セキュリティに関する推奨事項の抜粋
デバイス用のMicrosoftセキュアスコア	アプリ、OS、ネットワーク、アカウントおよびセキュア制御ごとのデバイスのセキュリティ構成スコア
デバイスの露出配布	デバイスの露出分布グラフ
期限切れになるサーバー証明書	有効期限切れになるサーバー証明書数を表すグラフ
上位イベント	過去7日間のイベント表示
上位の修復アクティビティ	修復アクティビティに登録されている情報の表示
トップの脆弱なソフトウェア	脆弱なソフトウェアの表示
上位の露出デバイス	露出デバイスの表示

［推奨事項］メニュー

　セキュリティリスクの軽減を行うための推奨事項の一覧が表示されます。これらは先に説明したセキュアスコアの［デバイス］カテゴリに分類された［おすすめの操作］と重複する内容もあります。またセキュアスコアに影響するポイントの高いものから順に表示されるので、対策を行う優先順位を決定する際の指標として参考になります。この一覧では、推奨事項、OS、脆弱性、関連コンポーネント、脅威などを確認することができます。

　表示される列の項目は［列のカスタマイズ］をクリックして表示された画面で選択することができます。

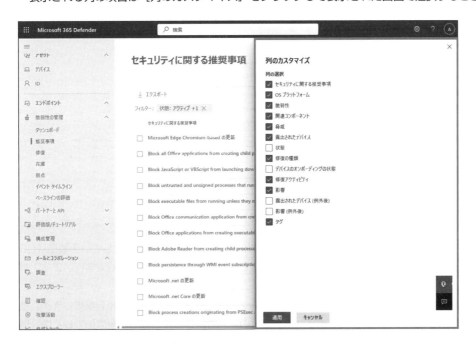

　［脅威］列には「セキュリティ違反についての分析情報」と「脅威に関する分析情報」を表示する2つのアイコンがあり、マウスオーバーするとそれらの情報が表示されます。

　推奨事項に提示されている内容は、セキュリティリスクの軽減に対処する構成の変更や、使用している製品（OSやソフトウェアなど）の脆弱性などです。これらの推奨事項を参照して、セキュリティリスクの軽減を行います。対象となるセキュリティリスクごとに、対策方法は異なります。

　推奨事項の一覧から対応するものをクリックし、セキュリティリスクの軽減方法や脆弱性の情報を収集します。推奨事項の内容によって表示される情報のタブが変化します。推奨事項の対策を行うには、[修復の要求] もしくは [例

外オプション］をクリックします。対策方法に関しては、次の節で説明します。

　推奨事項に提示されるセキュリティリスク軽減に関する構成の変更や脆弱性の情報を、関連する「ソフトウェア」「デバイス」「脆弱性」の視点から調べることができます。

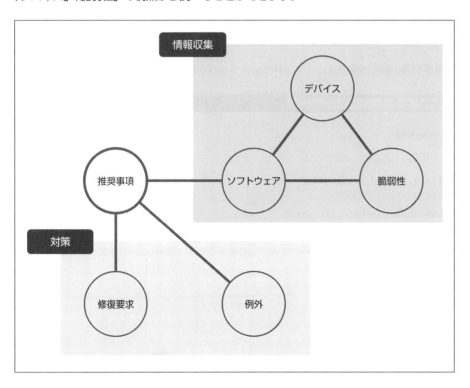

推奨事項の情報収集：ソフトウェア視点

推奨事項をソフトウェア視点で確認したい場合は次の手順で行います。

①Microsoft 365 Defender管理センター画面で、左側のメニューから［脆弱性の管理］－［推奨事項］をクリックする。

②［セキュリティに関する推奨事項］画面が表示されるので、対策する推奨事項にチェックを入れる。

③詳細画面の［全般］タブで推奨事項の説明を確認し、［ソフトウェアページを開く］をクリックする。

④ソフトウェアページ画面に遷移する。

● この画面からソフトウェアを起点とするセキュリティに関する推奨事項など多岐にわたる情報を確認すること
ができる（この章の2の「インベントリの種類」を参照）。

推奨事項の情報収集：デバイス視点

デバイス視点で情報を確認したい場合は次の手順で行います。

① [セキュリティに関する推奨事項] 画面を表示し、対策する推奨事項にチェックを入れる。

②詳細画面で［インストールされているデバイス］タブをクリックする。

③一覧表示されているデバイスをクリックする。

④デバイスページ画面に遷移する。

●この画面からデバイスを起点とするインシデントやアラートなど多岐にわたる情報を確認することができる。

推奨事項の情報収集：脆弱性視点

脆弱性視点で情報を確認したい場合は次の手順で行います。

①［セキュリティに関する推奨事項］画面を表示し、対策する推奨事項にチェックを入れる。

②詳細画面で［関連付けられているCVE］タブをクリックする。

③一覧から対象のCVEをクリックする。

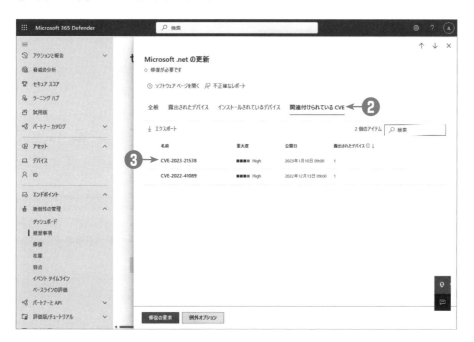

④CVE画面に遷移する。

● この画面でCVEの詳細情報やCVSSなどの関連情報を確認することができる（次の項「［弱点］メニュー」を参照）。

［弱点］メニュー

検出したソフトウェアの脆弱性のCVE（Common Vulnerabilities and Exposures：共通脆弱性識別子）およびCVSS（Common Vulnerability Scoring System：共通脆弱性評価システム）を確認することができます。これらの情報によって、脆弱性の詳細や深刻度が判明するのでソフトウェアの視点から対応する優先順位を決定する際の参考になります。

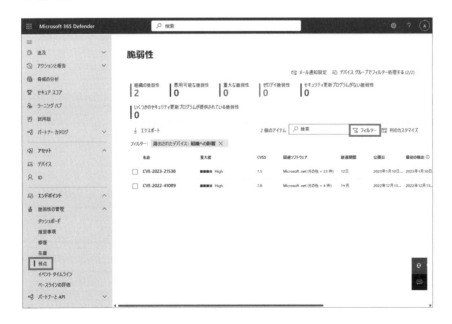

CVEとはセキュリティリスクになる製品（ソフトウェアなど）の脆弱性とエクスポージャーをリスト化したデータベースです。CVEには一意に識別可能なCVE-ID（CVE識別番号）が付与されています。この番号により、Aという組織で発行された脆弱性対策の情報が他組織の発行した脆弱性と同じ場合は、関連付けや相互参照を行うことができます。

CVSSとは次の3つの基準でIT製品のセキュリティ脆弱性の深刻さを評価するものです。

● 基本評価基準（Base Metrics）
● 現状評価基準（Temporal Metrics）
● 環境評価基準（Environmental Metrics）

CVSSでは脆弱性の深刻度をベンダーに依存することなく同一の基準で定量的に評価して0.0～10.0の範囲でスコアリングします。

［脆弱性］画面で［フィルター］をクリックすると、必要な情報をフィルタリングして表示することができます。

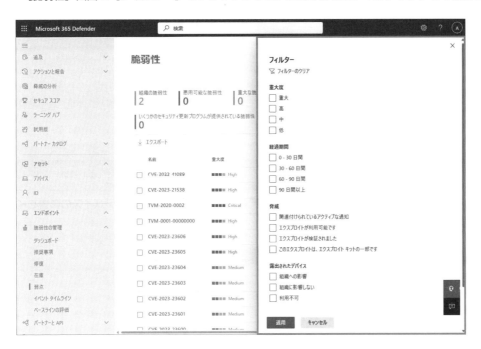

詳細な脆弱性を調べる場合は、CVEをクリックします。CVEの詳細な説明やCVSSなどの関連情報を確認することができます。

[イベントタイムライン] メニュー

MDEでは脆弱性情報が常にアップデートされます。そのアップデート情報に基づいた組織のデバイスの影響をイベントタイムラインで確認することができます。

それぞれのイベントをクリックすると、詳細情報を確認できます。

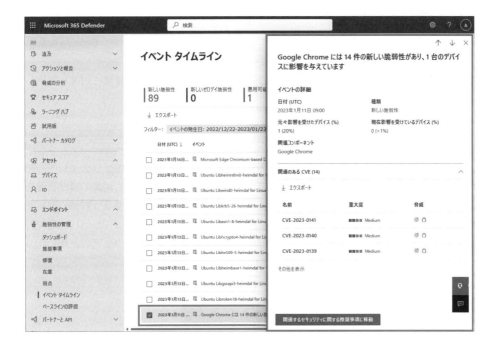

4 対策の進捗管理

MDE では推奨事項に対する対策を管理することができます。この対策の管理を行うことで、確実に対策を実施してセキュリティ軽減を行います。

全体像

下図の「推奨事項」（①）に提示された、セキュリティリスク軽減の対策を行うことで組織のセキュリティレベルを向上することができます。MDE 管理者は、Intune などのエンタープライズ管理ツールを活用して組織の構成管理を行うエンドポイント管理者と連携して「対策の進捗管理」（②）を行います。MDE 管理者が担当する「対策の進捗管理」（②）とは、対策を MDE に登録して継続的に監視することです。対策には「リスク軽減」（③）と「リスク許容」（⑥）があり、「リスク軽減」（③）の手法には、修復の種類として「構成の変更」（④）と「ソフトウェアの更新」（⑤）があります。

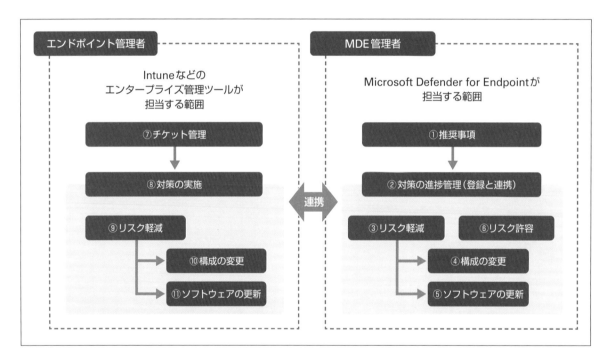

以降の解説に記載する丸数字の番号は、上図内の番号に対応しています。

Microsoft Intune 接続の有効化

MDE と Intune を連携して使用する場合、Microsoft Intune 接続を有効化する必要があります。

①Microsoft 365 Defender 管理センター画面で、左側のメニューから［設定］をクリックし、［設定］画面で［エンドポイント］をクリックする。

②［エンドポイント］画面で、［全般］セクションの［高度な機能］を選択し、［Microsoft Intune］をオンにして［ユーザー設定の保存］をクリックする。

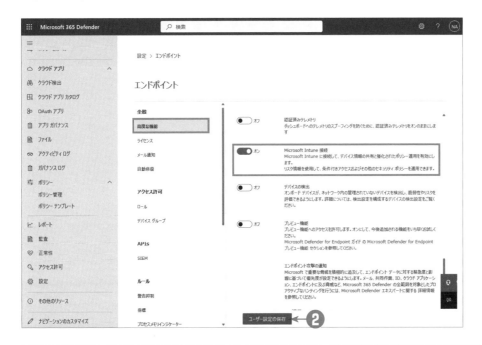

「リスク軽減」の「構成の変更」方法の確認

　推奨事項に提示された「リスク軽減」（⑨）の「構成の変更」（⑩）方法の確認は次の手順で行います。この操作はエンドポイント管理者が実施します。

①Microsoft 365 Defender管理センター画面で、左側のメニューから［脆弱性の管理］－［推奨事項］をクリックして、対策する推奨事項にチェックを入れる。

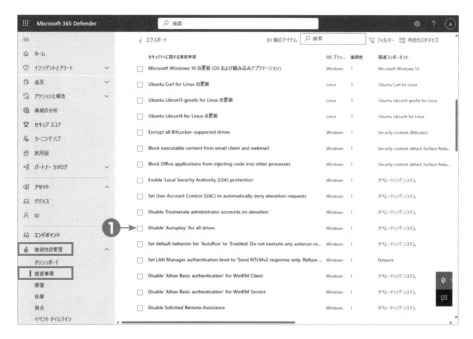

②詳細画面の［全般］タブで推奨事項の説明を確認し、［修復オプション］タブをクリックする。
　●［構成の変更］に関するリスク軽減でない場合は、［修復オプション］タブが表示されない。

③「構成の変更」の設定方法を確認する。

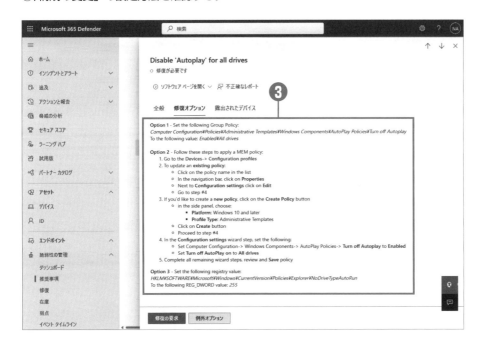

　このように、推奨事項が「構成の変更」に関する「リスク軽減」の場合は、［修復オプション］タブにリスク軽減方法が提示されるので、エンドポイント管理者はどのような「構成の変更」（⑩）方法かを確認できます。MDE 管理者は、「構成の変更」方法をエンドポイント管理者に連携して対策の実施を行ってもらいます。エンドポイント管理者はタスクのチケット管理（⑦）などを使用して対策の実施が確実に行われるようにします。推奨事項が「ソフトウェアの更新」（脆弱性）（⑪）に関する「リスク軽減」（⑨）の場合は、［修復オプション］タブは表示されません。

推奨事項の対策の登録

　推奨事項の「構成の変更」に関する「リスク軽減」の「対策の実施」（⑧）は、エンドポイント管理者が行います。エンドポイント管理者は MDE 管理者と連携し、推奨事項で提示される方法に従って、Intune などのエンタープライズ管理ツールを使用するか、エンドポイントごとに「構成の変更」（⑩）や「ソフトウェアの更新」（⑪）作業を行います。MDE 管理者は、推奨事項を登録（②）して、どのような対策が実施されているか、進捗を管理することができます。

「リスク軽減」による対策の登録

　推奨事項の「リスク軽減」（③）による対策を登録（②）するには次の手順で行います。この操作は MDE 管理者が行います。

①Microsoft 365 Defender管理センター画面で、左側のメニューから［脆弱性の管理］－［推奨事項］をクリックして、対策する推奨事項にチェックを入れる。

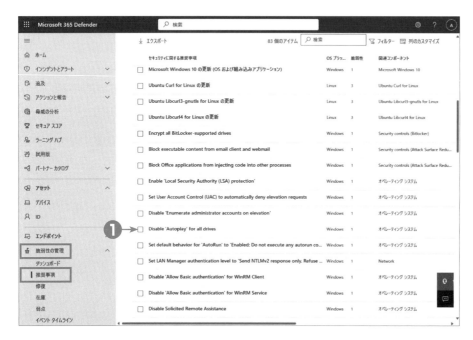

②詳細画面の［全般］タブで推奨事項の説明を確認し、［修復の要求］をクリックする。

③［修復の要求］ウィザードの［修復要求］画面で、次の項目を設定して［次へ］をクリックする。

項目	説明
修復オプション （「ソフトウェアの更新」の場合のみ表示される）	次の項目から選択する。 ［ソフトウェアの更新(推奨)］ ［ソフトウェアのアンインストール］ ［確認が必要です］
タスク管理ツール	Intuneのセキュリティタスクとして登録する場合はチェックを入れる。
修復期日	推奨事項の対策期限を設定する。
優先度	優先度を［低］［中］［高］から選択する。
メモを追加	対策におけるメモを記述する。

④[確認して終了]画面で、設定内容を確認して[送信]をクリックする。

⑤[完了]をクリックする。

　これで対策の登録が完了しました。[修復要求]で[タスク管理ツール]にチェックを入れた場合、Intuneとの連携により、Intuneの[セキュリティタスク]にチケットが発行されます（⑦）。エンドポイント管理者はIntuneの[セキュリティタスク]に登録されたチケットの内容を確認し対応します。チケットはMDEと連携されているので、「対策の進捗管理」（②）で[チケットのステータス]として[承認保留中]もしくは[承認済み]と表示され、Intune側のチケットの対応状態を確認できます。エンドポイント管理者はチケットの内容に従って「対策の実施」（⑧）を行います。

Intuneに発行されたチケットの確認

　Intuneに発行されたチケットを確認（⑦）するには次の手順で行います。この操作はエンドポイント管理者が行います。

①Microsoft Intune admin center（https://intune.microsoft.com/）を開き、左側のメニューから［エンドポイントセキュリティ］をクリックする。

②［セキュリティタスク］をクリックする。

③MDEから発行されたチケットをクリックする。

④チケットを受け入れる場合は［許可］をクリックする。

⑤メモを入力し（任意）、［はい］をクリックする。

「リスク許容」による対策の登録

推奨事項の「リスク許容」（⑥）による対策を登録するには次の手順で行います。

①Microsoft 365 Defender管理センター画面で、左側のメニューから［脆弱性の管理］-［推奨事項］をクリックして、対策する推奨事項にチェックを入れる。

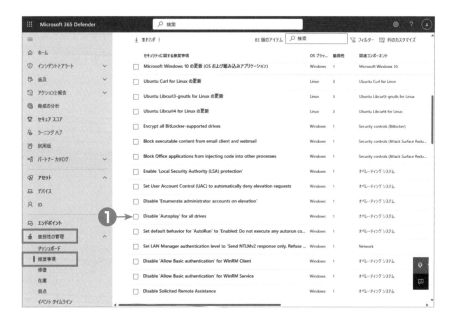

②詳細画面の［全般］タブで推奨事項の説明を確認し、［例外オプション］をクリックする。

③［例外を作成］画面で、次の項目を設定して［送信］をクリックする。

項目	説明
例外の範囲	次の項目のいずれかを選択する。 ［グローバルな例外］ ［デバイスグループごとの例外］：こちらを選択する場合は、対象となるデバイスグループも選択する
理由	次の項目のいずれかを選択する。 ［サードパーティによる制御］　　［代替の軽減策］ ［リスクの許容］　　　　　　　　　［計画された修復（猶予）］
理由のコンテキスト を提供	理由を入力する。
例外の保持期間	許容する期間を設定する（最高1年間）。

④［完了］をクリックする。

これで対策の登録が完了しました。推奨事項の「リスク許容」による対策を登録すると、対応状況が［修復が必要です］から［部分的な例外］に変更されます。

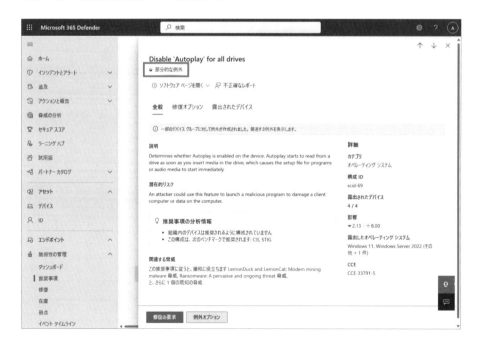

対策の進捗管理

推奨事項の対策を登録すると、「リスク軽減」および「リスク許容」による対策の進捗管理を行うことができます。

「リスク軽減」の対策の進捗管理

推奨事項の「リスク軽減」（③）の対策の進捗管理（②）は、次の手順で行います。

①Microsoft 365 Defender管理センター画面で、左側のメニューから［脆弱性の管理］-［修復］をクリックする。
②［修復］画面の［アクティビティ］タブで、登録した推奨事項の一覧を確認する。

③管理する対策にチェックを入れ、詳細画面で、対策が完了している場合は［完了としてマーク］をクリックする。
　●［デバイス修復の進捗状況］で対策の進捗を確認できる。また、Intuneに発行したチケットの対応状況を［チケットのステータス］で確認できる。

「リスク許容」の対策の進捗管理

推奨事項の「リスク許容」（⑥）の対策の進捗管理（②）は、次の手順で行います。

①[脆弱性の管理]－[修復]をクリックして[修復]画面を表示し、[例外]タブで登録した推奨事項の一覧を確認する。

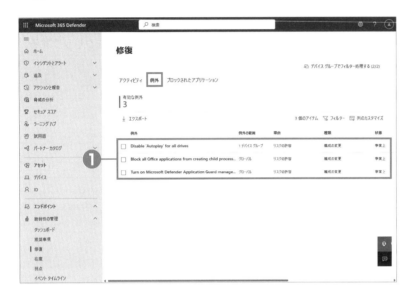

②「リスク許容」に登録した推奨事項をキャンセルする場合、対象にチェックを入れ、詳細画面で[すべてのデバイスグループの例外をキャンセル]をクリックする。

「リスク許容」の対策を行った推奨事項は、［部分的な例外］として表示されます。

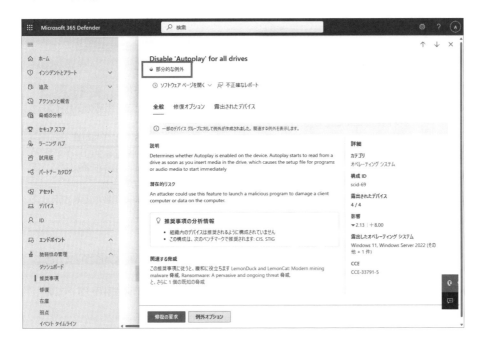

脆弱性管理のライセンス比較

「Microsoft Defender脆弱性の管理」とは、デバイスにインストールされたソフトウェアの脆弱性の修復管理だけではなく、既存設定において攻撃を受けにくい状態にするためのベストプラクティスを含んだセキュリティ軽減を行う仕組みを提供するものです。

脆弱性管理のコア機能

MDEで利用可能な脆弱性管理は、デバイスおよびソフトウェアのインベントリ情報の取得のほか、ソフトウェアの脆弱性情報やセキュリティの推奨事項などの機能です。これらのコア機能はMicrosoft Defender for Endpoint P2ライセンスで使用できます。

機能	説明
デバイス検出	ネットワーク内のオンボード済みエンドポイントを使用し、ネットワークをスキャンしてアンマネージドデバイスを検出
デバイス一覧	オンボードしたデバイスおよびデバイス検出によって検出したデバイスの一覧を表示
脆弱性評価	ソフトウェアの脆弱性情報を表示
セキュリティに関する推奨事項	実行可能なセキュリティ軽減方法を提示
脆弱性の修復	脆弱性管理に登録されたアクティビティの管理
脆弱性の電子メール通知	ソフトウェアの脆弱性情報をトリガーとしたメール送信機能
ソフトウェアインベントリ	検出したソフトウェア一覧を表示

「高度な脆弱性と構成の評価」アドオン機能

　コアとなる機能のほかに、アドオンの機能として「高度な脆弱性と構成の評価」があります。使用するには追加のライセンスが必要です。

機能	説明
セキュリティベースラインの評価	・業界のセキュリティベンチマーク（CIS、STIG）をベースにして、組織のデバイスを評価、監視するためのプロファイルを作成できる機能 ・組織のポリシーに合わせて、それぞれのしきい値などのカスタマイズも可能
脆弱なアプリケーションのブロック	・管理者の設定により、脆弱なバージョンのアプリケーションの実行をブロックまたはユーザーへの警告を通知（最新バージョンのアプリインストールを促すなど）
ブラウザーの拡張機能の評価	・Web ブラウザーにインストールされた拡張機能（アドオン）の可視化 ・拡張機能の詳細と、インストールされているデバイスの数や有効化数などを表示 ・生成されるアクセス許可の種類に基づき、リスクレベルを評価
デジタル証明書のインベントリ情報表示	・デバイスにインストールされている証明書の情報を表示 ・特定の証明書がインストールされているデバイスを一覧化 ・検出された証明書に対する安全性の判定（有効期限切れや弱い署名アルゴリズムの使用、自己署名など）
ネットワーク共有構成の評価	・ネットワーク共有構成に関する情報の可視化と、共有構成の脆弱性評価（すべての人に対する書き込み権限付与など） ・ユーザーに対する、ネットワーク構成修復要求の送信と状況把握

　「Microsoft Defender 脆弱性の管理」のコア機能＋アドオン機能が利用できるスタンドアロンライセンスも提供されています。

ライセンス別の機能比較

　ライセンス別の機能比較は次のとおりです。

機能	Microsoft Defender for Endpoint P2	Microsoft Defender 脆弱性管理（アドオン）	Microsoft Defender 脆弱性管理（スタンドアロン）
デバイス検出	●		●
デバイス一覧	●		●
脆弱性評価	●		●
セキュリティに関する推奨事項	●		●
脆弱性の修復	●		●
脆弱性の電子メール通知	●		●
ソフトウェアインベントリ	●		●
セキュリティベースラインの評価		●	●
脆弱なアプリケーションのブロック		●	●
ブラウザーの拡張機能の評価		●	●
デジタル証明書のインベントリ情報表示		●	●
ネットワーク共有構成の評価		●	●

ポリシー管理
（Web保護）

第 **3** 章

この章では第4章で取り上げるASR（Attack Surface Reduction）の一部である、Web保護の機能について説明します。Web保護は複数の機能から構成されており、セキュリティリスクの軽減に役立ちます。それぞれの機能の内容を理解しどのように使用するのかを確認していきます。

1 Web保護について

Microsoft Defender for Endpoint（MDE）のWeb保護とは、攻撃面の減少（ASR）方法のひとつであり、Web通信の脅威を削減する機能です。このWeb保護は、カスタムインジケーター、Web脅威保護、Webコンテンツフィルターという機能が連携して動作します。Web保護レポートでは、これらの情報を確認することができます。

優先順位

Web保護は、先に紹介したとおりカスタムインジケーター、Web脅威保護、Webコンテンツフィルターの機能が連携して構成されます。これらは個々に設定されて順番に判断され制御が行われます。Web保護の優先順位は次のとおりです。

1．カスタムインジケーター
- 許可
- 警告
- ブロック
2．Web脅威保護（マルウェア、フィッシングサイトなど）
- Exchange Online Protection（EOP）を含むMicrosoft Defender SmartScreen
3．Webコンテンツフィルター（WCF）

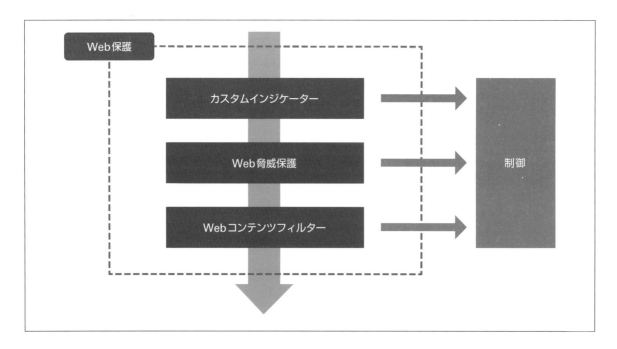

この優先順位は、URLやIPアドレスが評価される順序です。例えば、Webコンテンツフィルターでブロックされているサイトに対して、カスタムインジケーターでそのサイトを許可登録すればアクセス可能になります。カスタムインジケーターの競合が発生した場合は、ブロックよりも許可が優先されます。

エンドポイントでは、Web保護によってブロックを担当する機能は応答する種類によりWeb脅威保護、カスタムインジケーター、Webコンテンツフィルターに分かれます。

Web脅威保護

Web脅威保護はMicrosoft Defender SmartScreenとネットワーク保護（ネットワーク保護についてはこの章の2で説明します）を使用してWebの脅威からデバイスを保護するWeb保護のひとつです。Microsoft Edgeブラウザー以外のGoogle ChromeやMozilla Firefoxなど一般的なサードパーティのWebブラウザーと統合することで、Webプロキシサーバーを使用せずにWeb脅威をブロックして保護することができます。Web脅威保護では、フィッシングサイト、マルウェアの攻撃（トロイの木馬、ウィルス、ワーム）、悪用されているサイト、信頼されていないサイトまたは低評価サイト、カスタムインジケーターでブロック設定したサイトのアクセスをブロックします。

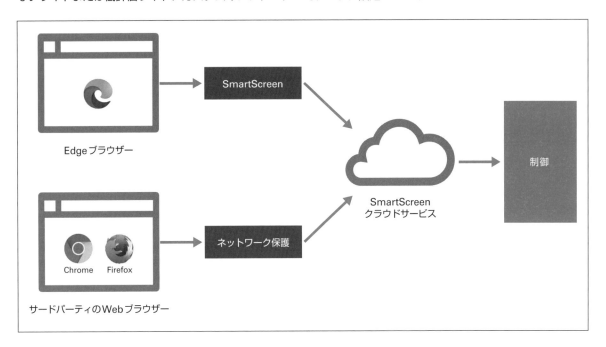

注意

ネットワーク保護の有効化

Web保護ではネットワーク保護を使用して、Microsoft Edge以外のサードパーティのWebブラウザーのセキュリティを提供するので、ネットワーク保護を有効化する必要があります。

Microsoft Defender SmartScreen

Windowsクライアントには Microsoft Edge ブラウザーの脅威保護機能として、Microsoft Defender SmartScreen（以下、SmartScreen）が搭載されています。SmartScreenには大きく分けてサイト分析とファイル分析の2つの機能があり、それぞれの状況によってアラートやブロックを行います。

・疑わしいWebページに対するアラート

Webアクセス時にWebページを分析し、疑わしいサイトであるか判断します。疑わしいサイトと判定されるとアラートページが表示されます。ユーザーは継続してアクセスするか、安全なサイトであることを報告することができます。

・フィッシングや悪意のあるサイトに対するブロック

Webアクセス時にWebページを分析し、報告済みのフィッシングや悪意のあるサイトの一覧と合致した場合、サイトのアクセスをブロックしてアラートページを表示します。

・ダウンロードファイルのスクリーニング

ユーザーがダウンロードするファイルを次の3種類に分類します。

- 安全であることが判明しているファイル

通知なしでダウンロードされます。

- 不明なファイル

ダウンロード実績が少ないと安全であると確認することができないため、ダウンロードをブロックしてアラートします。ユーザーはファイルを保存するか、安全なファイルであることを報告することができます。

- 悪意のあることが判明しているファイル

ダウンロードをブロックしてアラートします。

SmartScreenのそれぞれの動作を確認したい場合は、デモサイトが提供されているのでアクセスしてみてください。

「Microsoft Defender SmartScreen Demo Pages」
https://demo.smartscreen.msft.net/

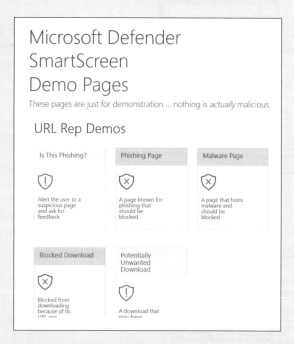

Intuneを使用したWeb脅威保護の設定

①Webブラウザーから、Microsoft Intune admin center（https://intune.microsoft.com/）にアクセスする。

②左側のメニューから［エンドポイントセキュリティ］をクリックし、［管理する］セクションの［攻撃面の減少］を
　クリックする。

③［概要］タブで［ポリシーの作成］をクリックする。

④［プロファイルの作成］画面の［プラットフォーム］のドロップダウンリストから［Windows 10以降］を選択する。

⑤［プロファイル］のドロップダウンリストから［Web保護（Microsoft Edgeレガシ）］を選択する。

⑥［作成］をクリックする。

⑦［プロファイルの作成］画面の［基本］タブで、［名前］を入力して［次へ］をクリックする。

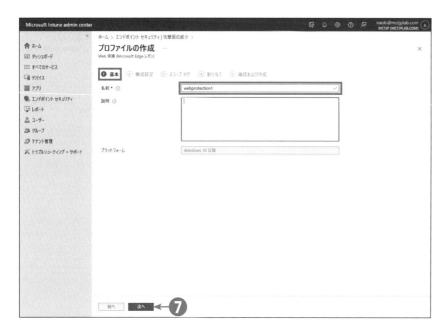

⑧［構成設定］タブで、［Web保護（Microsoft Edgeレガシ）］を展開し、次の項目を指定して［次へ］をクリックする。

- ●［ネットワーク保護を有効にする］のドロップダウンリストから、［有効にする］を選択する。もしくは、［監査モード］に設定して、環境内の動作を確認することができる。
- ●［Microsoft Edge従来版にはSmartScreenが必要］を［はい］にする。
- ●［悪意のあるサイトへのアクセスをブロックする］を［はい］にする。
- ●［未検証のファイルのダウンロードをブロックする］を［はい」にする。

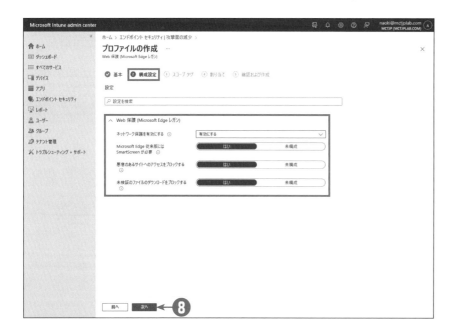

⑨［スコープタグ］タブで、［次へ］をクリックする。

ヒント

スコープタグ

　スコープタグとは Microsoft Intune admin center で作成したポリシーやグループ等のオブジェクトに対し、タグを付与して一括管理ができる機能のことです。

⑩［割り当て］タブで、［組み込まれたグループ］の［グループの追加］をクリックする。

⑪ [含めるグループを選択] 画面で、適切なグループ（ここでは ［ITシステム管理者］）を選択して ［選択］ をクリックする。

⑫ [割り当て] タブに戻るので、手順⑪で選択したグループが追加されていることを確認して ［次へ］ をクリックする。

⑬［確認および作成］で設定内容を確認して［作成］をクリックする。

⑭Web保護が構成される。

Webコンテンツフィルター

　Webコンテンツフィルターはカテゴリに基づいて、Webサイトへのアクセスを追跡および制御することができます。例えば、業務利用するメールが指定されているのにもかかわらず、サードパーティのブラウザーメールが利用できると、そのメールでのやり取りは管理範囲外となり情報漏洩のリスクが高くなります。また、業務範囲外のサイトへのアクセスは業務効率や生産性の低下を招く場合があります。そのようなリスク軽減の手段としてWebコンテンツフィルターを活用することができます。

　Webコンテンツフィルターは主要なWebブラウザーで使用できます。Webサイトのブロックは、SmartScreen（Microsoft Edge）とネットワーク保護（Chrome、Firefox、Brave、Opera）によって実行されます。

　MDEではWebコンテンツフィルターを次のカテゴリで設定できます。

カテゴリ	子カテゴリ
娯楽	Webベースのメール
	インスタントメッセージング
	ゲーム
	ソーシャルネットワーキング
	チャット
	プロフェッショナルなネットワーキング
成人向けコンテンツ	Pornography/Sexually描写
	カルト
	ギャンブル
	下品
	何も身に着けていない
	性教育
	暴力
未分類	保留ドメイン
	新たに登録されたドメイン
法的責任	ハッキング
	児童虐待の画像
	学業不正行為
	憎悪/不寛容
	武器
	犯罪行為
	自傷行為
	違法なソフトウェア
	違法薬物
高帯域幅	ストリーミングメディアとダウンロード
	ダウンロードサイト
	ピアツーピア
	画像の共有

それぞれのカテゴリの説明については、マイクロソフトの次のドキュメントを参照してください。

「Webコンテンツフィルタリング」の「Webコンテンツフィルターポリシーを構成する」
https://learn.microsoft.com/ja-jp/microsoft-365/security/defender-endpoint/web-content-filtering?view=o365-worldwide#configure-web-content-filtering-policies

Webコンテンツフィルターの有効化

①Microsoft 365 Defender管理センター画面で、左側のメニューから［設定］をクリックして［エンドポイント］を選択する。

②［エンドポイント］画面で、［全般］セクションの［高度な機能］を選択し、［Webコンテンツのフィルター処理］をオンにして［ユーザー設定の保存］をクリックする。

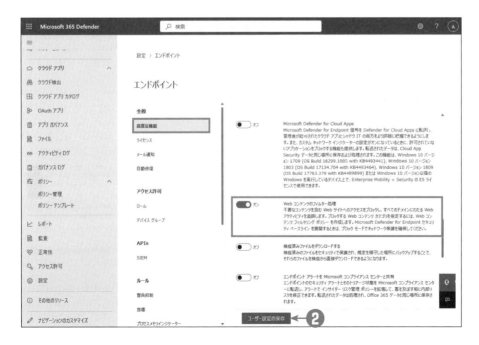

Webコンテンツフィルターの設定

①Microsoft 365 Defender管理センター画面で、左側のメニューから[設定]をクリックして[エンドポイント]を選択する。

②[エンドポイント]画面で、[ルール]セクションの[Webコンテンツのフィルター処理]をクリックし、ポリシーを作成するために[アイテムを追加]をクリックする。

③［ポリシーを追加します。］画面の［全般］タブで、ポリシー名を入力して［次へ］をクリックする。

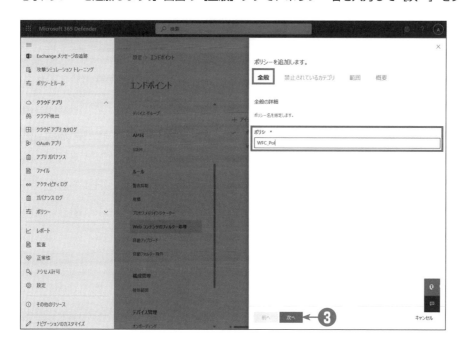

④［禁止されているカテゴリ］タブで、フィルタリングしたいコンテンツにチェックを入れて［次へ］をクリックする。

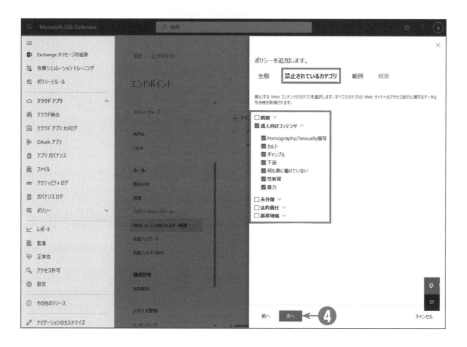

⑤[範囲] タブで、ポリシーの適用先デバイスを選択して［次へ］をクリックする。

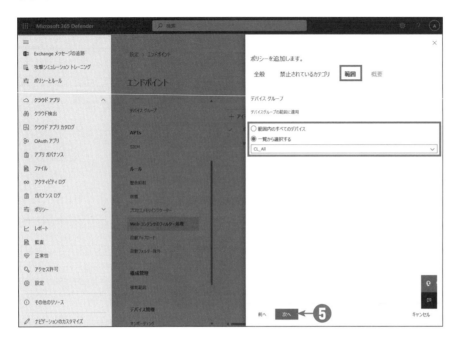

⑥[概要] タブで、設定内容を確認して［保存］をクリックする。

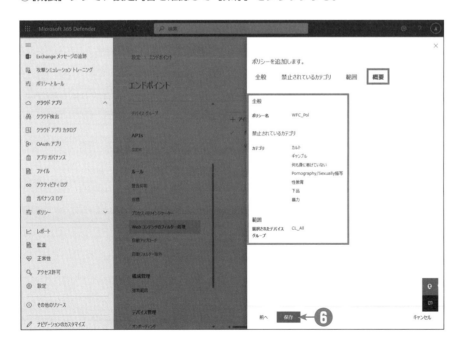

エンドポイントの動作

　Webコンテンツフィルターに合致したサイトにアクセスすると、Web保護の優先順位に従い制御されます。ブロックされる場合、Microsoft EdgeまたはサードパーティのWebブラウザーによって表示される画面が異なります。これはSmartScreenによるブロック制御か、ネットワーク保護によるブロック制御かの違いになります。次に示すのは、WebコンテンツフィルターによってブロックされたMicrosoft Edgeブラウザーの画面です。

IoC（指標）

　IoC（Indicator of Compromise）は、「侵害指標」「痕跡情報」「セキュリティ侵害インジケーター」などと呼ばれており、サイバー攻撃を受けたときに、その痕跡となるさまざまな指標のことで、MDEではカスタムインジケーターを意味します。IoCを使用することで、特定のIPアドレスやURL/ドメインに対してブロックするなどの制御ができます。
　IoCの種類と使用可能なアクションは次のとおりです。

IoCの種類	使用可能なアクション
ファイルハッシュ	許可
	監査
	警告
	ブロックの実行
	ブロックして修復
IPアドレス	許可
	監査
	警告
	ブロックの実行
URL/ドメイン	許可
	監査
	警告
	ブロックの実行
証明書	許可
	ブロックして修復

IoCのアクションは次のとおりです。

アクション	説明
許可	IoCはデバイスで実行されます。
監査	IoCの実行時にアラートがトリガーされます。
警告	IoCは警告を求めるメッセージを表示しますが、ユーザーはバイパスできます。
ブロックの実行	IoCの実行は許可されません。
ブロックして修復	IoCの実行は許可されず、修復アクションが行われます。

MDEでIoC（IPアドレス、URL/ドメイン）によるWeb保護を行うには、次の設定をする必要があります。

カスタムインジケーターの有効化

①Microsoft 365 Defender管理センター画面で、左側のメニューから［設定］をクリックして［エンドポイント］を選択する。

②［エンドポイント］画面で、［全般］セクションの［高度な機能］を選択し、［カスタムネットワークインジケータ］をオンにして［ユーザー設定の保存］をクリックする。

カスタムインジケーターでのURL制御方法

①Microsoft 365 Defender管理センター画面で、左側のメニューから［設定］をクリックして［エンドポイント］を選択し、［エンドポイント］画面で［ルール］セクションの［指標］をクリックする。

②［URL/ドメイン］タブで、［アイテムを追加］をクリックする。

③［URL/ドメインインジケーターを追加］画面の［インジケーター］タブで、［URL/ドメイン］に対象のURLを入力して［次へ］をクリックする。

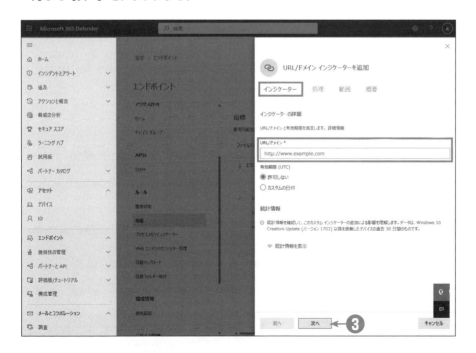

④[処理] タブで、応答操作として [ブロックの実行] を選択し、MDEのアラートを生成する場合は [アラートを生成] にチェックを入れる。

⑤[アラートの詳細] で [警告のタイトル] を入力し、[アラートの重要度] と [カテゴリ] をドロップダウンリストから選択する。[推奨処理] の入力は任意で、[説明] を自由に入力して [次へ] をクリックする。

⑥［範囲］タブで、［デバイスグループ］を選択して［次へ］をクリックする。

⑦［概要］タブで、設定内容を確認して［保存］をクリックする。

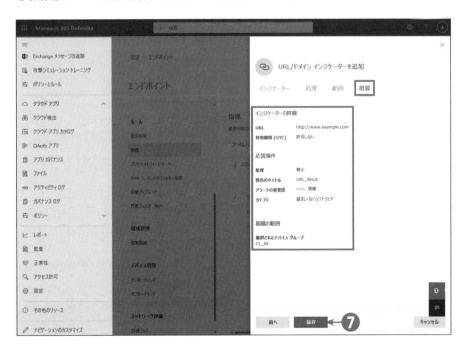

カスタムインジケーターによってブロックされた Microsoft Edge ブラウザーの画面は、次のように表示されます。

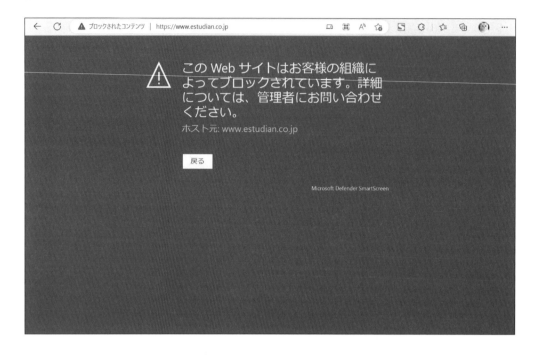

2 ネットワーク保護

　ネットワーク保護とは、Web保護で提供される保護機能をOSレベルに拡張したもので、Webコンテンツフィルター処理のコアコンポーネントでもあり、危険と判断されたサイトをブロックする機能です。ネットワーク保護はSmartScreenを拡張したWeb保護機能を、Microsoft EdgeだけではなくサードパーティのWebブラウザーや、Webブラウザー以外のプロセスに提供します。

ネットワーク保護の対象範囲

　Web保護とネットワーク保護における関係は次のとおりです。

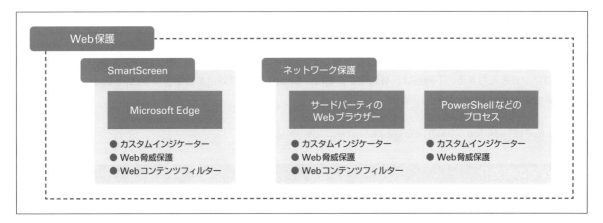

　ネットワーク保護は、監査モードとブロックモードで有効にできます。監査モードでは、ブロックされる内容に関するデータを収集することができます。これによって、ネットワーク保護によるユーザー影響のあるログを確認することができます。

　次に示すのは、カスタムインジケーターによってブロックされたChromeブラウザーの画面です。

ネットワーク保護の有効化

ネットワーク保護の有効化は、次のようにさまざまな方法が提供されています。

- PowerShell
- Microsoft Intune admin center
- モバイルデバイス管理（MDM）
- GPO（Group Policy Object）

ここでは、PowerShellによる有効化とIntuneでの有効化の手順を説明します。

ヒント

その他の設定方法

　さまざまな設定方法がありますが、端末ごとに個別に設定を行う場合は、PowerShellが適しています。複数の端末の設定を一元的に行う場合は、MDEと親和性の高い、Intuneでの構成をお勧めします。既にオンプレミス環境でGPOを使用している場合は、GPOを利用した設定も候補になります。MDMでの設定は先に紹介した方法より難易度が高くなる傾向があります。

PowerShellでの有効化

①Windows 11の［スタート］ボタンを右クリックして、［ターミナル（管理者）］をクリックする。

②次のコマンドを入力する。下線部は、有効化する場合は**Enabled**、無効化する場合は**Disabled**、監査モードにする場合は**AuditMode**を入力する。

```
Set-MpPreference -EnableNetworkProtection Enabled
```

Intuneでの有効化

①Webブラウザーから、Microsoft Intune admin center（https://intune.microsoft.com/）にアクセスする。

②左側のメニューから［エンドポイントセキュリティ］をクリックし、［管理する］セクションの［ウイルス対策］をクリックする。

③ ［概要］タブで［ポリシーの作成］をクリックする。

④ ［プロファイルの作成］画面で、［プラットフォーム］のドロップダウンリストから［Windows 10、Windows 11、Windows Server］を選択し、［プロファイル］のドロップダウンリストから［Microsoft Defender ウイルス対策］を選択して［作成］をクリックする。

⑤ ［プロファイルの作成］画面の［基本］タブで、［名前］を入力して［次へ］をクリックする。

⑥[構成設定] タブで、[ネットワーク保護を有効にする] のドロップダウンリストから [有効（ブロックモード)] を
選択して [次へ] をクリックする。

⑦[スコープタグ] タブで、[次へ] をクリックする。

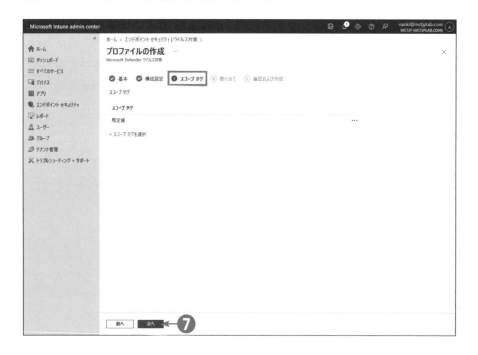

⑧ ［割り当て］タブで、このプロファイルを適用するグループ、ユーザー、またはデバイスを選択し、［次へ］をクリックする。

⑨ ［確認および作成］タブで、設定内容を確認して［作成］をクリックする。

⑩ネットワーク保護が有効化される。

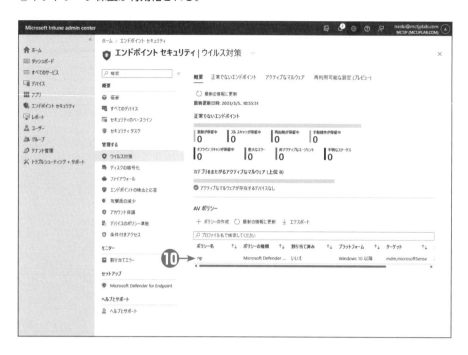

3 レポートによる状況の確認

MDEでは、［Web保護］のレポートが用意されています。このレポートにより、Web脅威の全体像を可視化して把握することができます。

表示される情報

［Web保護］のレポートには、次の情報が表示されます。

- 時間経過に応じたWeb脅威の検出
- Web脅威の概要
- Web脅威ドメインの詳細
- カテゴリ別のWebアクティビティ
- Webアクティビティの概要
- Webコンテンツのフィルター処理の概要
- Webコンテンツフィルター処理のカテゴリの詳細

時間経過に応じたWeb脅威の検出

Web脅威保護によって検出されたURL数を脅威カテゴリごとに分類した数を、経過時間とともにグラフ化して表示します。

```
経過時間に応じた Web 脅威の検出

悪意のある URL へのアクセスの試み
3
2
1
0
                                    12/26
■ カスタム インジケーター  ■ 悪意のある  ■ フィッシング  □ コマンドとコントロール  ■ テクニカル サポート詐欺  ■ 信頼されていません  ■ エクスプロイト  ■ 不明
```

Web脅威の概要

Web脅威保護によって検出されたURL数を脅威カテゴリごとに分類して表示します。

```
Web 脅威の概要

4 悪意のある URL へのアクセスの試み

悪意のある URL へのアクセスの試み
最終更新日時: Mon Jan 02 2023
脅威カテゴリ

■ フィッシング  ■ 悪意のある  ■ カスタム インジケーター  ■ コマンドとコントロール  ■ テクニカル サポート詐欺  ■ 信頼されていません  ■ エクスプロイト  ■ 不明

［詳細］  ［指標］
```

［詳細］ボタンをクリックすると［Web脅威ドメインの詳細］画面に遷移します。［指標］ボタンをクリックすると、IoCの設定画面（この章の1の「IoC（指標）」の「カスタムインジケーターでのURL制御方法」を参照）に遷移します。

Web脅威ドメインの詳細

［Web脅威ドメインの詳細］画面はWeb脅威保護で検出したドメインの一覧を表示し、アクセス数、ブロック数、アクセスの傾向、脅威カテゴリ、コンピューター数を把握することができます。

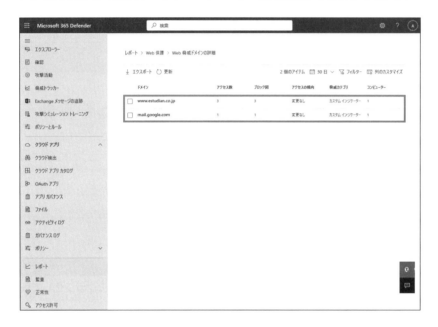

ドメインを選択すると、URLのアクセス数およびデバイスごとのアクセス数が表示されます。

デバイスをクリックすると、デバイス画面に遷移するのでシームレスにデバイス調査を開始することができます。

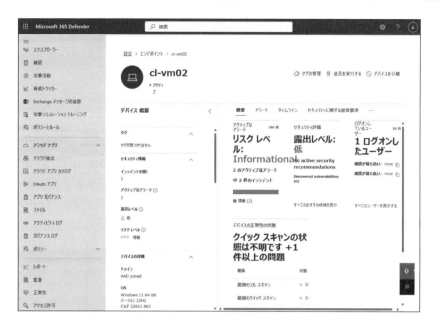

カテゴリ別のWebアクティビティ

カテゴリ別のアクセス数の変化をパーセンテージで表示します。過去30日、3か月、または6か月の組織内のWebアクティビティパターンの大幅な変化を確認することができます。この機能を使用した最初の30日間は、この情報を表示するのに十分なデータがない可能性があります。[詳細] ボタンをクリックすると、[Webコンテンツフィルター処理のカテゴリの詳細] 画面に遷移します。[ポリシー] ボタンをクリックすると、[Webコンテンツのフィルター処理] 画面（この章の1の「Webコンテンツフィルター」の「Webコンテンツフィルターの設定」を参照）に遷移します。

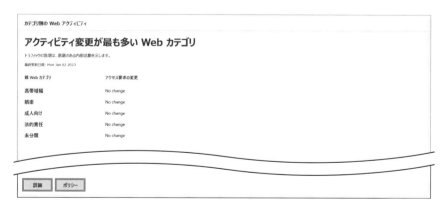

Webアクティビティの概要

すべてのURLのWebコンテンツに対する要求の合計数が表示されます。カテゴリごとに色分けがされており、グラフにマウスポインターを重ねるとそのカテゴリで要求された数が表示されます。[詳細] ボタンをクリックすると、[Webコンテンツフィルター処理のカテゴリの詳細] 画面に遷移します。[ポリシー] ボタンをクリックすると、[Webコンテンツのフィルター処理] 画面に遷移します。

Webコンテンツのフィルター処理の概要

　Webコンテンツフィルターの親カテゴリでブロックされた数に応じた棒グラフが表示されます。カテゴリごとに色分けがされており、グラフにマウスポインターを重ねるとそのカテゴリでブロックされた数が表示されます。[詳細]ボタンをクリックすると、[Webコンテンツフィルター処理のカテゴリの詳細]画面に遷移します。[ポリシー]ボタンをクリックすると、[Webコンテンツのフィルター処理]画面に遷移します。

Webコンテンツフィルター処理のカテゴリの詳細

　[Webコンテンツフィルター処理のカテゴリの詳細]画面は、[Webカテゴリ][ドメイン][コンピューターグループ]タブで構成されています。

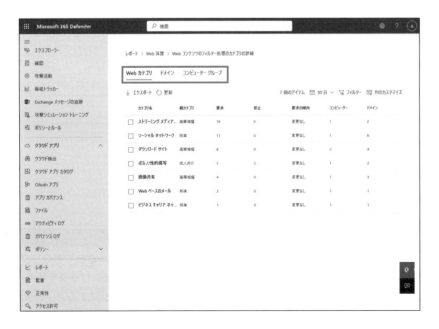

　［Webカテゴリ］タブでカテゴリを選択すると、カテゴリの詳細情報が表示されます。カテゴリの要求の傾向や、上位のドメイン、デバイス、関連ポリシーを確認することができます。

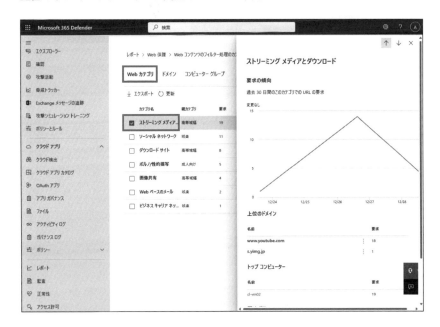

　［ドメイン］タブは、ドメイン名とそれに伴う、リクエスト数、ブロック数、要求の傾向、コンピューター数、カテゴリ名、親カテゴリ名を確認できます。

　Webコンテンツフィルターのカテゴリの分類が想定と異なっている場合は変更依頼をすることができます。その場合は、ドメインにチェックを入れて ［：］－［異議申し立てのカテゴリ］ をクリックします。

　［異議申し立てのカテゴリ］画面で、［優先度］を選択し、変更依頼するカテゴリ名や理由などを記入して ［送信］ をクリックします。

　［コンピューターグループ］タブは、コンピューターグループとそれに伴う、リクエスト数、ブロック数、要求の傾向、カテゴリ数、ドメイン数を確認できます。

攻撃面の減少（ASR）の活用

Windowsは使いやすさを考慮してさまざまな機能が搭載されています。また多くのアプリケーションがインストールされ使用されています。その反面、それらの機能を利用した攻撃によってセキュリティリスクを招いていることもあります。この章ではWindowsデバイスを攻撃から受けにくくする攻撃面の減少（ASR）について説明します。

1 攻撃面の減少（ASR）とは

攻撃面の減少（または攻撃表面の縮小）とはASR（Attack Surface Reduction）と呼ばれており、Windowsデバイスに対するセキュリティ機能の集まりです。ASRはもともと、Windows 10 Version 1709でMicrosoft Defenderウイルス対策（MDAV）として採用されたExploit Guard（エクスプロイトガード）の機能でした。その後ASRとしてさまざまなセキュリティ機能が追加されています。ASRをWindowsデバイスに適用することで、あらかじめ攻撃に対する防御を行いセキュリティリスクの軽減を行うことができます。

ASRの種類

ASRのセキュリティ機能は複数あり、それぞれの対策を行うことで攻撃面の減少につながります。

- Microsoft Edgeのハードウェアベースの分離
- ASRルール
- アプリケーション制御
- フォルダーアクセスの制御
- リムーバブルストレージの保護
- ネットワーク保護
- Web保護
- エクスプロイト保護
- ネットワークファイアウォール

ネットワーク保護とWeb保護については、第3章で説明しました。ASRルールに関しては、この章の2で詳細に説明します。そのほかのASRのセキュリティ機能について、次に概要を説明します。

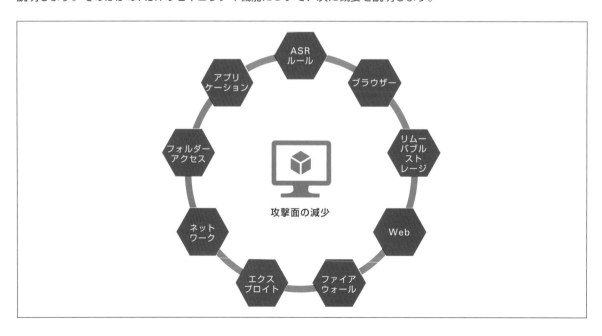

Microsoft Edgeのハードウェアベースの分離

Microsoft Defender Application Guard（MDAG）はWebブラウザー「Microsoft Edge」を、ホストマシンとは隔離されたサンドボックス環境上で動作させるセキュリティ機能です。信頼されていないサイトにアクセスした場合、ホストとは切り離されたサンドボックス環境でWebブラウザーが動作します。分離されたサンドボックス環境はホストマシンのOSとは異なるので、サンドボックス環境の信頼されていないサイトやファイルが悪意があると判明された場合、ホストマシンが保護され、悪意のあるエンティティ（マルウェアなど）は企業内データにアクセスすることができません。

アプリケーション制御

アプリケーション制御とは、Microsoft Defender Application Control（MDAC）やAppLockerを使用して、マルウェアなどの信頼されていないアプリケーション実行を防止し、リスク軽減を行うセキュリティ機能です。

フォルダーアクセスの制御

フォルダーアクセスの制御とは、既知の「信頼されたアプリ」一覧をチェックして「保護されたフォルダー」に対するアクセスの制御を行うセキュリティ機能です。この機能を使用するとランサムウェアなどの悪意のあるアプリケーションの脅威からデータを保護することができます。MDEにはフォルダーアクセスの制御イベントとブロックに関する詳細なログ情報が提供されます。これらの情報は、MDEのデバイスのタイムラインやAdvanced huntingでKQL（Kusto Query Language）クエリを使用して確認できます。

リムーバブルストレージの保護

リムーバブルストレージの保護とはデバイス制御のひとつで、リムーバブルストレージへのアクセスをデバイスレベル、ユーザーレベルにおいて、読み取り、書き込みまたは実行を制御します。この機能によって、デバイスのインストールやBitLockerなどの使用を含めたリムーバブルストレージのシナリオで、既存のデバイス制御の保護を行います。

エクスプロイト保護

エクスプロイト保護（Exploit Protection）は、OSやアプリケーションに対してセキュリティの脆弱性を攻撃するプログラムの軽減策を自動的に適用します。Windows 10とWindows 11では既定で有効になっています。

ネットワークファイアウォール

ネットワークファイアウォールはクライアント版とサーバー版のWindowsに搭載されている機能で、「セキュリティが強化されたWindows Defenderファイアウォール（WFAS）」として提供されています。WFASはホストベースのネットワークトラフィックフィルタリングを提供し、ローカルデバイスとの間で送受信されるトラフィックを制御することができます。

2 ASRルール

MDB
MDE P1
MDE P2

　ASRルール（攻撃面の減少ルール）とは、Microsoft Defender for Endpoint（MDE）で管理できる ASR 設定の集まりです。ASRルールは、次のような特定のソフトウェア動作を対象とします。

- ファイルのダウンロードまたは実行を試みる実行可能ファイルとスクリプトの起動
- 難読化された、またはその他の疑わしいスクリプトの実行
- 一般的にアプリが通常行わない動作を実行する

　このようなソフトウェアの動作は、通常のソフトウェアでも使用されます。ただし、これらの動作はマルウェアを経由して攻撃者によって悪用されることが多く、リスクが高いと認識されています。ASRルールは、ソフトウェアによる危険と考えられる動作を制限することでリスクを軽減することができます。

ASRルールの種類

　ASRルールは「標準保護ルール」と「その他のルール」の2種類に分けられます。「標準保護ルール」はMicrosoftが推奨する最小のルールセットです。「その他のルール」は、「標準保護ルール」以外のルールセットです。

標準保護ルール

ASRルール名	ルールID
悪用された脆弱な署名付きドライバーの不正利用をブロックする（デバイス）	56a863a9-875e-4185-98a7-b882c64b5ce5
Windows ローカルセキュリティ機関サブシステムからの資格情報の盗用を防止する	9e6c4e1f-7d60-472f-ba1a-a39ef669e4b2
WMI イベントサブスクリプションを使用した永続化を防止する	e6db77e5-3df2-4cf1-b95a-636979351e5b

その他のルール

ASRルール名	ルールID
Adobe Reader による子プロセスの作成をブロックする	7674ba52-37eb-4a4f-a9a1-f0f9a1619a2c
PsExec および WMI コマンドから発生するプロセスの作成をブロックする	d1e49aac-8f56-4280-b9ba-993a6d77406c
難読化された可能性のあるスクリプトの実行を防止する	5beb7efe-fd9a-4556-801d-275e5ffc04cc
Office マクロからの Win32 API 呼び出しをブロックする	92e97fa1-2edf-4476-bdd6-9dd0b4dddc7b
Office アプリケーションによる実行可能なコンテンツの作成をブロックする	3b576869-a4ec-4529-8536-b80a7769e899
普及率、期間、または信頼リストの条件を満たしていない場合に実行可能ファイルが実行されないようにする	01443614-cd74-433a-b99e-2ecdc07bfc25
JavaScript または VB スクリプトのダウンロードされた実行可能なコンテンツの起動をブロックする	d3e037e1-3eb8-44c8-a917-57927947596d
Office の通信アプリケーションによる子プロセスの作成を防止する	26190899-1602-49e8-8b27-eb1d0a1ce869
Office アプリケーションによる他のプロセスへのコード挿入をブロックする	75668c1f-73b5-4cf0-bb93-3ecf5cb7cc84
すべての Office アプリケーションによる子プロセスの作成をブロックする	d4f940ab-401b-4efc-aadc-ad5f3c50688a

ASRルール名	ルールID
USBから実行される信頼されていないプロセスと署名されていないプロセスをブロックする	b2b3f03d-6a65-4f7b-a9c7-1c7ef74a9ba4
ランサムウェアに対して高度な保護を使用する	c1db55ab-c21a-4637-bb3f-a12568109d35
電子メールクライアントとWebメールの実行可能なコンテンツをブロックする	be9ba2d9-53ea-4cdc-84e5-9b1eeee46550

それぞれのASRルールの説明については、マイクロソフトの次のドキュメントを参照してください。

「攻撃面の減少（ASR）ルールの参照」の「ルールごとの説明」
https://learn.microsoft.com/ja-jp/microsoft-365/security/defender-endpoint/attack-surface-reduction-rules-reference?view=o365-worldwide#per-rule-descriptions

ASRルールのモード

　ASRルールには［未構成］［無効］［監査］［警告］［ブロック］の5種類のモードがあります。ASRルールは、企業でどのような影響があるか十分にテストしてから適用する必要があります。通常業務に影響があるASRルールは除外するなどの調整が必要になります。

■監査モード（コード番号：2）

　ASRルールを有効にした場合、ユーザーの通常業務に影響しない状態で、ASRルールがどのような影響を与えるか確認するモードです。監査データを監視し、ASRルールの適用により通常業務に影響があることが判明した場合は、代替手段があるか検討し、除外を追加するなどの対策を行います。このモードではユーザーの生産性を低下させることなくASRルールを有効にする前段階で使用します。

■警告モード（コード番号：6）

　ASRルールを有効にしますが、ユーザーがブロックをバイパスすることが許可されているモードです。ASRルールによってコンテンツがブロックされるとダイアログボックスがユーザーに表示されます。このダイアログボックスでは、コンテンツのブロックを解除して実行することができます。ユーザーがブロックを解除すると、そのコンテンツは24時間解除され、それ以降はブロックが再開されます。この警告モードを導入することで、ユーザーはASRルールによって業務に必要なコンテンツのブロックを解除して実行することができるのでASRルールの導入に有効なモードです。

> **注意**
>
> **警告モードを使用する際の注意**
>
> 　警告モードはMicrosoft Defenderウイルス対策（MDAV）がアクティブモードでリアルタイム保護を使用している必要があります。

■ブロックモード（コード番号：1）

　ASRルールを有効にします。このルールに該当するアクションはすべてブロックされます。

■未構成モード（コード番号：5）

　ASRルールを無効にします。

■無効モード（コード番号：0）

　ASRルールを無効にします。

注意

ASRルールを使用する際の注意

　ASRルールはMDAVとの依存関係があります。そのため、MDAVはプライマリウイルス対策ソリューションとして導入し、アクティブモードで動作する必要があります。またMicrosoft Advanced Protection Service（MAPS）を有効にする必要があります。MDAVのコンポーネントは、常に最新バージョンを使用するようにします。最新のバージョンより2つ以上古くならないようにする必要があります。

ASRルールの有効化

ASRルールの有効化は、次の複数の方法を使用できます。

- Microsoft Intune admin center
- OMA-URI（Open Mobile Alliance - Uniform Resources）
- グループポリシー（GPO）
- PowerShell

ここでは、PowerShellおよびIntuneでの有効化を説明します。

PowerShellでの有効化

①Windows 11の［スタート］ボタンを右クリックして、［ターミナル（管理者）］をクリックする。

②次のコマンドを入力する。行末の「`」は継続行の意味で、改行せずに実行する場合は不要。

ブロックモード

```
Set-MpPreference -AttackSurfaceReductionRules_Ids <ルールID> `
  -AttackSurfaceReductionRules_Actions Enabled
```

監査モード

```
Set-MpPreference -AttackSurfaceReductionRules_Ids <ルールID> `
  -AttackSurfaceReductionRules_Actions AuditMode
```

警告モード

```
Set-MpPreference -AttackSurfaceReductionRules_Ids <ルールID> `
  -AttackSurfaceReductionRules_Actions Warn
```

無効モード

```
Set-MpPreference -AttackSurfaceReductionRules_Ids <ルールID> `
  -AttackSurfaceReductionRules_Actions Disabled
```

ASRルールを初めて有効化するとき、および既存のASRルールを上書きするときは、**Set-MpPreference**を使います。ASRルールが既に有効化されている環境でASRルールを追加するには、**Set-MpPreference**の代わりに**Add-MpPreference**を同じ構文で使います。既存のASRルールがあるか調べるには、**Get-MpPreference**を使います。

例：ASRルールの「悪用された脆弱な署名付きドライバーの不正利用をブロックする（デバイス）」を無効モードで有効化する

```
Set-MpPreference -AttackSurfaceReductionRules_Ids 56a863a9-875e-4185-98a7-b882c64b5ce5 `
  -AttackSurfaceReductionRules_Actions Disabled
```

Intuneでの有効化

①Webブラウザーから、Microsoft Intune admin center（https://intune.microsoft.com/）にアクセスする。
②左側のメニューから［エンドポイントセキュリティ］をクリックし、［攻撃面の減少］をクリックする。

③［攻撃面の減少］画面の［概要］タブで、［ポリシーの作成］をクリックする。
④［プロファイルの作成］画面で、［プラットフォーム］のドロップダウンリストから［Windows 10、Windows 11、Windows Server］を選択し、［プロファイル］のドロップダウンリストから［攻撃の回避規則］を選択して［作成］をクリックする。

⑤［プロファイルの作成］画面の［基本］タブで、［名前］に任意の名前を入力して［次へ］をクリックする。

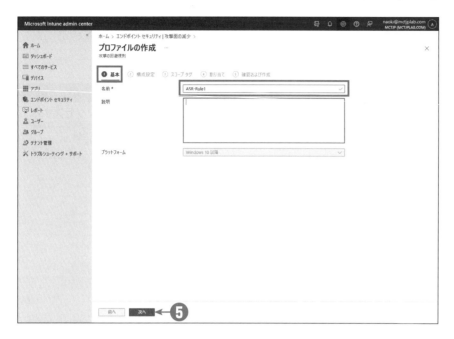

⑥［構成設定］タブで、各ルールのドロップダウンリストから適切なモードを選択して［次へ］をクリックする。

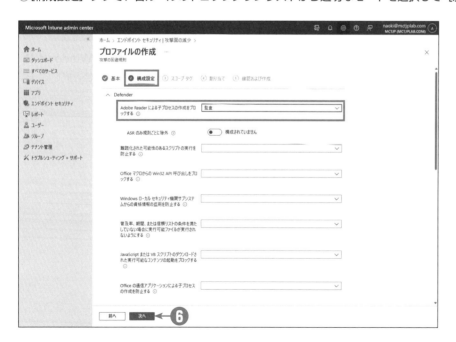

⑦ [スコープタグ] タブで、[次へ] をクリックする。

⑧ [割り当て] タブで、このプロファイルを適用するグループ、ユーザー、またはデバイスを選択して [次へ] をクリックする。

⑨ [確認および作成] タブで、設定内容を確認して [作成] をクリックする。

⑩ ASR ルールを適用するためのポリシーが作成されたことを確認する。

3 ASRルールによる不正アクセスの検出

ASRルールの有効化を設定したエンドポイントの情報を、MDEのレポート情報として確認することができます。

［攻撃面の減少ルール］レポートの表示

ASRルールの有効化を設定したエンドポイントの情報は、MDEの管理画面で［レポート］の［攻撃面の減少ルール］から参照します。

①Webブラウザーから、Microsoft 365 Defender管理センター（https://security.microsoft.com/）にアクセスする。

②左側のメニューから［レポート］をクリックし、［攻撃面の減少ルール］をクリックする。

③[攻撃面の減少ルール]レポートが開く。

[攻撃面の減少ルール]レポートの内容

　このレポートは［Detections（検出）］［Configuration（設定）］［除外の追加］の3つのタブで構成されています。

[Detections] タブ

　[Detections]タブではASRルールによって検出した情報を可視化して一元的な管理を実現できます。このタブを参照することで、組織全体のASRルールアクティビティを確認することができ、ファイルがどの監査およびブロックルールによって検出されたかを把握できます。そのほかに、ソースアプリ、デバイス、デバイスグループ、ユーザー、発行元の情報を一覧として確認できます。また、フィルターが用意されており、表示したいルールと期間を選択することができます。

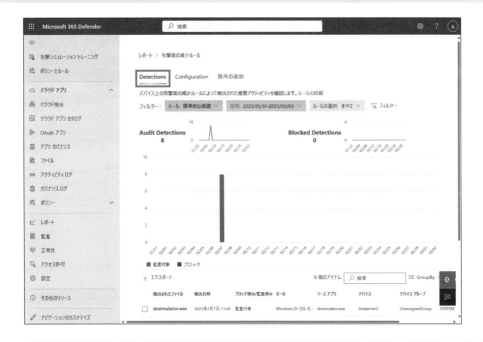

[Configuration] タブ

　[Configuration] タブではASRルールの適用状況の把握ができます。それぞれのデバイスと、ブロックモード、監査モード、警告モード、無効になっているルール、デバイスIDの一覧を確認できます。

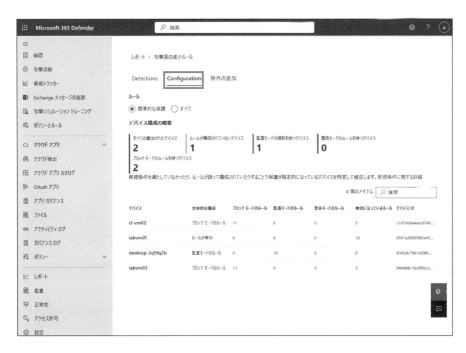

　デバイスをクリックすると、そのデバイスに適用されているASRルール個別の状態を確認できます。また、ASRルールの変更、追加を行いたい場合は［ポリシーに追加］をクリックすると、Intuneの［攻撃面の減少］画面に遷移します。この画面でポリシー名をクリックすると、ASRルールの変更、追加を行うことができます。

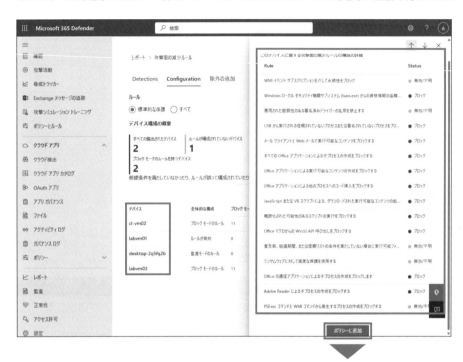

［除外の追加］タブ

［除外の追加］タブでは、ASRルールで検出されたファイルにチェックを入れると、右側の画面にASRルールで除外対象とした場合のシミュレーションが表示されます。除外を行うと、不必要な検出を削減することができます。

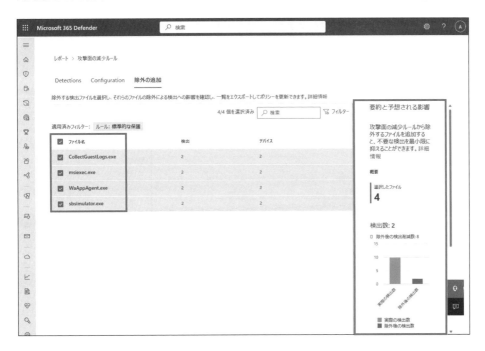

［除外パスの取得］をクリックすると、ファイルのパス情報が記載されたCSVファイルをダウンロードできます。［除外の追加］をクリックすると、Intuneの［攻撃面の減少］画面に遷移します。

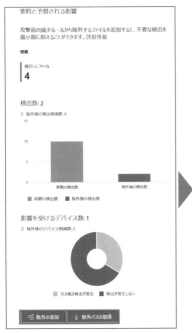

除外の追加

　IntuneのASRルールは、構成設定の［攻撃面の減少のみ除外する］項目で、除外するファイルを入力して対応することができます。

①［攻撃面の減少］画面で、作成済みのポリシーをクリックする。

②ポリシーのプロパティが表示されるので、［構成設定］の［編集］をクリックする。

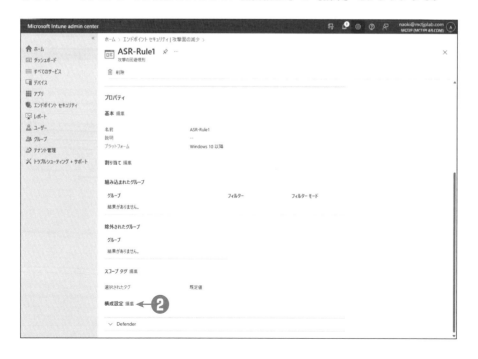

③［プロファイルの作成］画面で、［攻撃面の減少のみ除外する］項目に除外するアプリケーションを、パスを含めて入力する。

④［次へ］をクリックする。

⑤［保存］をクリックする。

インシデント対応 の開始

第 **5** 章

MDEをEDRとして利用する際、見るべきポイントはさまざまです。この章ではWindowsデバイスを対象としたインシデント対応を行うときに最初に見るべきポイントについて見ていきます。

1 インシデント対応の準備

この節ではMDEを利用してインシデント対応を行うために利用可能なサービスの紹介および基本的なアーキテクチャについて解説します。

インシデント対応プロセスとMDEの機能

第1章ではMDEでは一般的なインシデント対応プロセスに沿って必要な機能が用意されていることを解説しました。

インシデント対応プロセス	検知・連絡受付	▶ トリアージ	▶ インシデント対応	▶ 報告・事後対応
EDRが提供する機能	アラートによる通知	インシデントの原因影響範囲の特定	封じ込め復旧	レポート作成に必要な情報の提供

インシデント対応プロセスに沿って提供される機能はすべてMicrosoft 365 Defender管理センター（https://security.microsoft.com）から利用することができます。Microsoft 365 Defender管理センターの左側に表示されるメニューの各項目をクリックして、インシデント対応プロセスに合わせた各作業を行います。

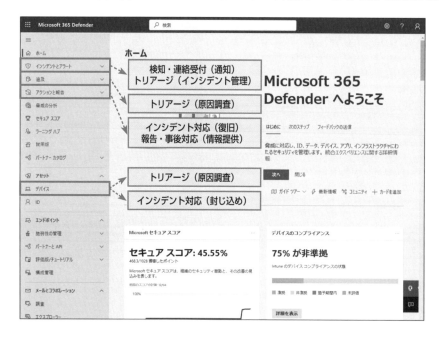

それぞれのプロセスで行う各作業は次の項目から行います。

■検知・連絡受付

MDEではオンボーディングされたデバイスでインシデントを自動的に検知し、インシデントまたはアラートとしてMDE管理者に通知します。インシデント/アラートはMicrosoft 365 Defender管理センターの［インシデントとアラート］メニューから参照できます。詳しくはこの章の3と4で解説します。

■トリアージ

発生したインシデント/アラートから、その内容が誤検知であるか、対応の必要なインシデントであれば重要度がどの程度か、を判断するために必要な情報はMicrosoft 365 Defender管理センターの［インシデントとアラート］メニューで参照できるほか、［デバイス］メニューを利用してデバイス単位で参照したり、［追及］メニューを利用したクエリベースで参照したりすることができます。［デバイス］メニューを利用した方法についてはこの章の6、［追及］メニューを利用した方法については第7章でそれぞれ解説します。

また、トリアージプロセスを通じて行った判断は他のセキュリティ管理者の間でも共有すべき事柄です。こうした情報共有は［インシデントとアラート］メニューからインシデント管理機能として利用することができます。インシデント管理機能についてはこの章の3と第8章でそれぞれ解説します。

■インシデント対応

トリアージプロセスで決定した判断に基づいてインシデント対応を開始する場合、最初にデバイスのネットワークからの分離やアプリ実行の制限などの封じ込めを行います。この作業はMicrosoft 365 Defender 管理センターの［アセット］−［デバイス］メニューから特定のデバイスを選択して実行します。実行方法については第8章で解説します。

被害に遭ったデバイスを業務で再び利用可能な状態に復元するプロセスである、修復もインシデント対応のステップで実行する作業のひとつです。この作業はMicrosoft 365 Defender管理センターの［アクションと報告］メニューから実行します。実行方法については第6章で解説します。

■報告・事後対応

事後対応の一環として行う報告のための情報収集はこれまでに紹介した機能にアクセスして行うことができます。こうして集められた情報をもとにレポートを作成していきます。

インシデント対応を確実に行うためのMDEの動作

ここまでで紹介したインシデント対応プロセスに対応した機能をMDEで確実に提供できるのは、監視対象となるデバイスから情報を収集し、MDEのクラウドサービスが情報を分析しているからです。ここでは、インシデント対応を確実に実行できるようにするためにMDEがどのようなアーキテクチャで動作しているかについて、次のステップに分けて解説します。

クライアントからのデータの収集

MDEではオンボーディングされたデバイスから主に次のような情報を収集し、クラウドサービスで分析を行います。

- ファイルやレジストリへのアクセス履歴

- プロセス実行の履歴
- ネットワーク接続の履歴

　Windowsの場合、これらのアクティビティデータをmssense.exeを通じてクラウドサービスへ送信します。なお、クライアントから送信されるアクティビティデータは「テレメトリ」と呼ばれ、1日当たりおよそ数MB程度のデータがクラウドへ送信されます。

データの保存と分析

　クラウドに送信されたデータはMicrosoft Intelligent Security Graphを利用した分析を行うために利用されます。Microsoft Intelligent Security Graphはマイクロソフトに集められた毎日42兆を超えるアクティビティデータ（シグナル）を分析してまとめたデータベースで、このデータベースとオンボーディングされたデータを突合することでインシデントに当たるアクティビティがあったかを突き止めます。

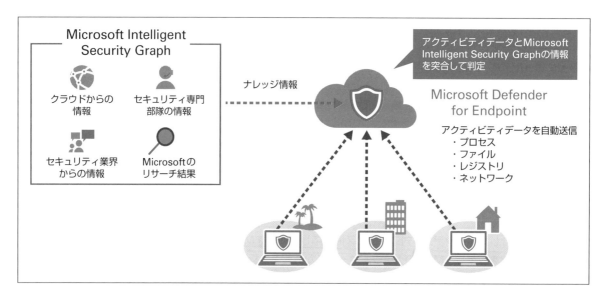

　また、集められたデータは最大180日間保存されるため、必要に応じて手動でアクティビティを追跡することができます（Advanced huntingを利用した分析に利用可能なデータは30日間保存）。

クライアントのアクション

　分析の結果、インシデントが発生したと判断された場合、MDEがインシデントの調査を行ってその結果に基づいてクライアントで行うべきアクションを決定します。アクションはクライアントに送信され、Microsoft Defenderウイルス対策が処理を担当します（Windowsの場合）。

2 評価ラボとチュートリアルによるインシデント対応のシミュレーション MDE P2

社内でセキュリティ運用が難しいと感じる事柄のひとつに「インシデント対応の準備を行うと言われてもインシデントを体験したことがないからよくわからない」という意見があります。とは言え社内でマルウェア感染を体験するわけにはいきません。そこでMDEでは仮想環境でマルウェア感染を中心とするインシデントを体験できる訓練パッケージとして評価ラボとチュートリアルを用意しています。

評価ラボとは

評価ラボとはMDEのライセンスを通じて攻撃をシミュレートする仮想マシンを提供し、実際にマルウェア感染を体験したり、感染時のMDEの動作を検証したりすることができるサービスです。

評価ラボではMDEでの検証専用の仮想マシンを一定期間だけ利用することができ、Microsoft 365 Defender管理センターにアクセスして、次のステップで利用を開始します。

> **ステップ1：評価ラボのセットアップ**

> **ステップ2：ラボ仮想マシンへのRDP接続と日本語化データの収集**

評価ラボは Microsoft Defender for Endpoint P2 ライセンスを保有している場合でのみ利用可能です。Microsoft Defender for Endpoint P1 または Microsoft Defender for Business ライセンスを使用している場合は、Microsoft Defender for Endpoint P2 ライセンスが含まれる Microsoft 365 E5 無料試用版ライセンスを取得し、無償期間内に評価ラボを利用してください。評価用の仮想マシンを独自に用意することでも評価は可能ですが仮想マシンの中でサンプルのマルウェアを扱うため、Microsoft Azure のような組織のネットワークからは独立した検証環境を用意することをお勧めします。

ステップ1：評価ラボのセットアップ

①Webブラウザーから、Microsoft 365 Defender管理センター（https://security.microsoft.com/）のURLにアクセスする。

②サインイン画面で、グローバル管理者などのロールが割り当てられたAzure ADアカウントのIDとパスワードを入力し、サインインする。

③Microsoft 365 Defender管理センター画面で、左側のメニューから［エンドポイント］－［評価版/チュートリアル］－［評価ラボ］をクリックする。

④［Microsoft Defender for Endpointの評価ラボへようこそ］画面で、［ラボのセットアップ］をクリックする。

⑤［ラボの構成を選択］画面で、使用する仮想マシンの数を選択する。使用する仮想マシンの数が多ければ利用可能時間は短く、仮想マシンの数が少なければ利用可能時間は長くなる。ここでは［3デバイス］を選択して［次へ］をクリックする。

⑥［シミュレーターエージェントのインストール］画面で、マイクロソフトが提供するシミュレーターを利用するための使用条件に同意するため、［Microsoftの使用条件を承諾して同意する］をクリックする。

⑦［Microsoftの使用条件］画面で、［同意します］をクリックする。

⑧[シミュレーターエージェントのインストール]画面に戻るので、[Microsoftの使用条件]にチェックを入れる。

⑨続いてシミュレーターを提供するサードパーティのプロバイダとの間で情報共有を行うことに同意するため、[情報共有ステートメントを承諾して、同意する]をクリックする。

⑩[Microsoft情報共有ステートメント]画面で、[同意します]をクリックする。

⑪［シミュレーターエージェントのインストール］画面に戻るので、［Microsoft情報共有ステートメント］にチェックを入れる。

⑫続いてAttackIQが提供するシミュレーターを利用するための使用条件に同意するため、［注：AttackIQを有効にする前に、まずEULAに同意する必要があります。EULAを表示］をクリックする。

⑬［AttackIQ - ホスト型エンドユーザー使用許諾契約書］画面で、［同意します］をクリックする。

⑭ [シミュレーターエージェントのインストール] 画面に戻るので、[AttackIQ] にチェックを入れる。

⑮ 続いてSafeBreachが提供するシミュレーターを利用するための使用条件に同意するため、[SafeBreach] にチェックを入れ、[メールアドレス] [名] [姓] にそれぞれ情報を入力して [次へ] をクリックする。

⑯ [概要] 画面で、[ラボのセットアップ] をクリックする。

⑰［評価ラボ］画面の［概要］タブで、［デバイスの追加］をクリックする。

⑱［デバイスの追加］画面で、［デバイスの種類］から［Windows 11］を選択し、［使用可能なツール］ですべての項目にチェックを入れて、［デバイスの追加］をクリックする。

⑲［デバイスの追加］画面で、［デバイス名］［ユーザー名］［パスワード］が表示されるので、あとで利用できるよう
控えておく。［完了］をクリックする。

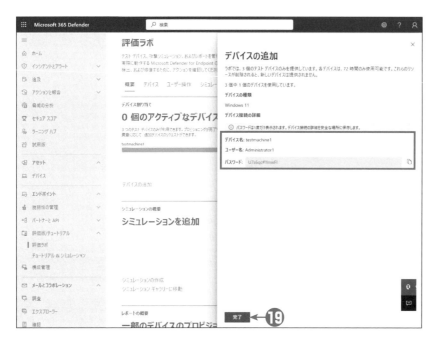

⑳Microsoft 365 Defender管理センター画面で、左側のメニューから［アセット］－［デバイス］をクリックし、評
価ラボから追加した仮想マシンがオンボーディングされたことを確認する。

評価ラボでセットアップした仮想マシンは自動的にオンボーディング設定が行われます。ただし、セットアップが完了するまで時
間を要するため、時間を置いてから［デバイスのインベントリ］画面でオンボーディング結果を確認するようにしてください。

ステップ2：ラボ仮想マシンへのRDP接続と日本語化

①Microsoft 365 Defender管理センター画面で、左側のメニューから［エンドポイント］－［評価版/チュートリアル］－［評価ラボ］をクリックする。

②［評価ラボ］画面で［デバイス］タブをクリックし、前の手順でセットアップしたデバイスの右端にあるアクションボタン（：）をクリックして［接続］をクリックする。

　▶そのデバイスにリモートデスクトップ接続するためのRDPファイルがダウンロードされる。

③手順②でダウンロードしたRDPファイルを実行する。

④［リモートデスクトップ接続］画面で、［接続］をクリックする。

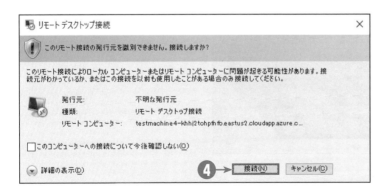

⑤［Windows セキュリティ］画面で、仮想マシンのパスワードを入力して［OK］をクリックする。
⑥［リモートデスクトップ接続］画面に戻るので、［接続］をクリックする。

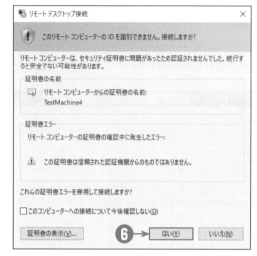

⑦リモートデスクトップ接続が開始し、Windows 11 仮想マシンに接続できたことが確認できる。

⑧Windows 11仮想マシンで［スタート］ボタンをクリックし、［Settings］アプリを起動する。

⑨［Settings］画面で、［Time & language］をクリックする。

⑩[Time & language］画面で、［Language & region］をクリックする。

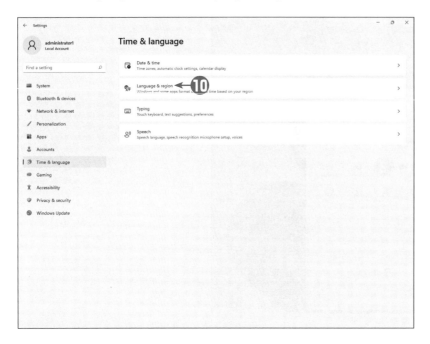

⑪[Language & region］画面で、［Preferred languages］の右端の［Add a language］をクリックする。

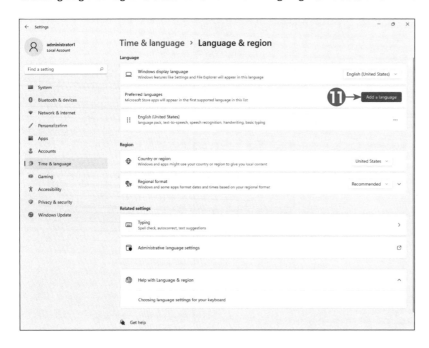

⑫［Choose a language to install］画面で、［日本語］をクリックし、［Next］をクリックする。

⑬［Install language features］画面で、［Optional language features］配下の4つの項目にチェックが入っていることを確認し、［Set as my Windows display language］にチェックを入れて［Install］をクリックする。

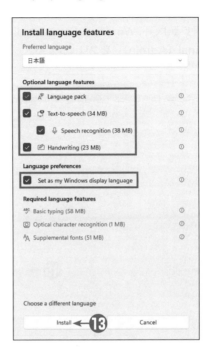

⑭［Language & region］画面に戻るので、［Japanese］の右端の［…］ボタンをクリックし、［Language options］をクリックする。

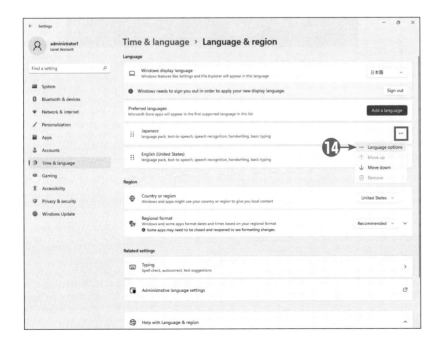

⑮[Options] 画面で、[Keyboard layout: Connected keyboard layout] の右端の [Change layout] をクリックする。

⑯[Change hardware keyboard layout] 画面で、[Japanese keyboard（106/109 key）] を選択して [OK] をクリックする。

⑰ロケーションとして日本語を利用するようにWindows PowerShellで設定を行うため、[スタート] ボタンを右クリックして [Windows Terminal（Admin）] をクリックする。

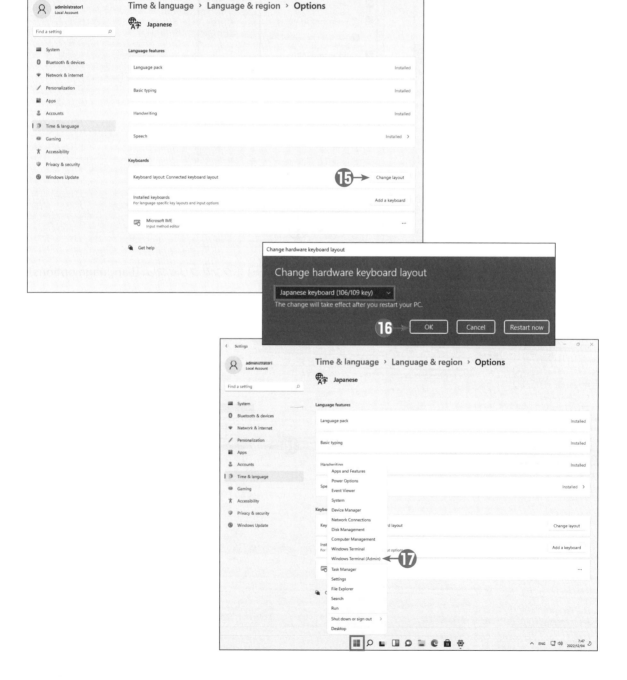

⑱Windowsターミナルが管理者として起動するので、言語リストとして日本語が利用できるように設定するために次のコマンドを入力して Enter キーを押す。

```
Set-WinUserLanguageList -LanguageList ja -Force
```

⑲続けて、ロケーションとして日本を設定するために次のコマンドを入力して Enter キーを押す。

```
Set-WinHomeLocation -GeoId 122
```

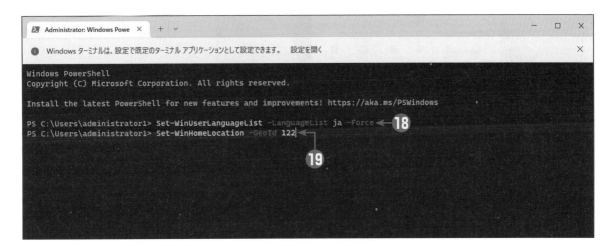

⑳続けて、システムロケールが日本になるように次のコマンドを入力して Enter キーを押す。

```
Set-WinSystemLocale -SystemLocale ja-JP
```

㉑続けて、ここまでの設定を反映させるための再起動を実行するために次のコマンドを入力して Enter キーを押す。

```
Restart-Computer
```

➡仮想マシンが再起動を開始するため、リモートデスクトップ接続が切断される。

㉒手順❸〜❻をもう一度行って、仮想マシンに接続する。

㉓リモートデスクトップ接続でWindows 11仮想マシンへの接続が開始すると、日本語が利用できることが確認できる。

3　インシデントの参照

この節では前の節で作成した仮想マシンを利用して、Microsoft 365 Defender管理センターから提供されるサンプルのマルウェアを用いてマルウェア感染を行い、その結果を［インシデントとアラート］メニューから参照します。

インシデントとアラート

オンボーディングされたデバイスでマルウェア感染等の攻撃（インシデント）が発生すると、その内容はMicrosoft 365 Defender管理センターの［インシデントとアラート］メニュー内の［インシデント］と［アラート］項目にそれぞれ表示されます。［アラート］項目にはマルウェア感染や遠隔操作などの個別の事象、［インシデント］項目には［アラート］項目で出力した内容をまとめたものがそれぞれ表示されます。個別の事象をインシデントとしてグループ化することで、一連の攻撃で行われた事象の関連性を簡単に把握できます。

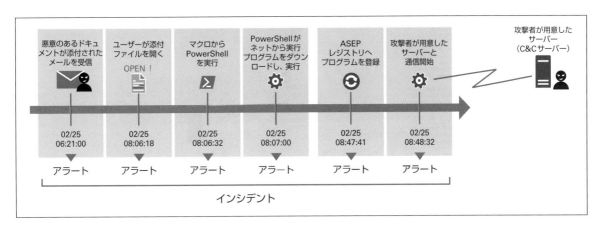

インシデントの参照

　インシデントはアラートに記載の詳細な内容をひとまとめにしたものを表示するため、インシデント発生時に状況の全体像を把握するのに役立ちます。そのため、[インシデントとアラート] メニューからインシデントが発生したと認識したときには最初に [インシデント] 項目を参照します。

　[インシデント] 項目は次の画面に示す9つのタブから構成されており、それぞれのタブをクリックするとインシデントの全体像を把握するために必要な情報が表示されます。

　ここからは前の節で作成した評価ラボの仮想マシンで、[評価版/チュートリアル] メニューから提供されるサンプルのマルウェアを実行し、インシデントを発生させます。その上で [インシデント] 項目の情報を確認していきます。

> [評価版/チュートリアル] メニューから提供されるサンプルのマルウェアは Microsoft Defender for Endpoint P2 ライセンスを保有している場合でのみ利用可能です。Microsoft Defender for Endpoint P1 または Microsoft Defender for Business ライセンスを使用している場合は Microsoft Defender for Endpoint P2 ライセンスが含まれる、Microsoft 365 E5 無料試用版ライセンスを取得し、無償期間内にサンプルのマルウェアを利用してください。

事前準備：サンプルマルウェアの取得と実行

①評価ラボの仮想マシンで Web ブラウザーを起動する。

②Web ブラウザーから、Microsoft 365 Defender 管理センター（https://security.microsoft.com/）のURLにアクセスする。

③サインイン画面で、グローバル管理者などのロールが割り当てられた Azure AD アカウントのIDとパスワードを入力し、サインインする。

④Microsoft 365 Defender管理センター画面で、左側のメニューから［エンドポイント］－［評価版/チュートリアル］－［チュートリアル＆シミュレーション］をクリックする。

⑤［チュートリアル＆シミュレーション］画面の［シミュレーション］タブで、［ドキュメントがバックドアをドロップする］の［詳細情報］をクリックしてPDFファイルを開く。

⑥PDF画面で、ドキュメントの5ページ目に記載のパスワードを控えておく。

⑦［チュートリアル＆シミュレーション］画面に戻り、［ドキュメントがバックドアをドロップする］の［シミュレーションファイルの取得］をクリックする。するとシミュレーションファイルが［ダウンロード］フォルダー（既定ではC:¥Users¥ユーザー名¥Downloads）にダウンロードされるので、実行しやすいように［デスクトップ］フォルダー（既定ではC:¥Users¥ユーザー名¥Desktop）に移動する。

●ダウンロードしたファイルはMicrosoft Word形式のファイルで、開くとマルウェアが実行されるようになっている。

⑧前の手順でダウンロードしたWordファイルをダブルクリックして実行する。

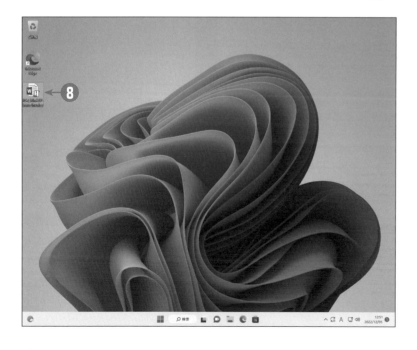

⑨［Password］画面で、手順❻で控えておいたパスワードを入力して［OK］をクリックする。

⑩Word画面上に表示された［Your privacy option］画面で、［Close］をクリックする。

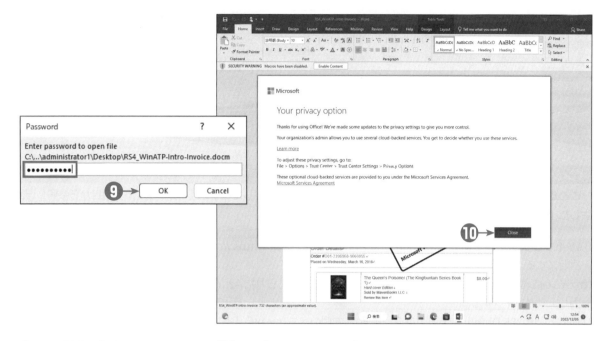

⑪Word画面に表示されたセキュリティ警告で、［Enable Content］をクリックする。

　この操作によってマクロが実行され、マルウェアが実行開始される。

⑫［Microsoft Word］画面で、［OK］をクリックする。

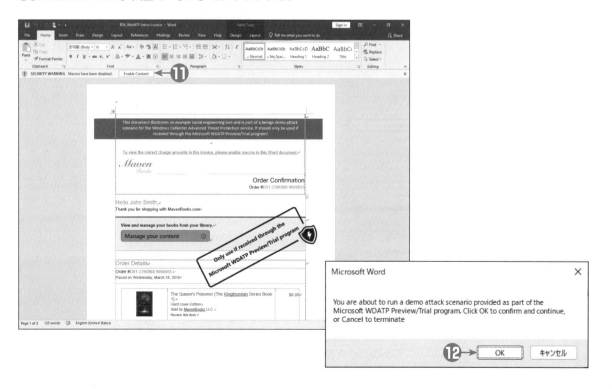

⑬コマンドプロンプト画面が表示されるので、任意のキーを押して画面を閉じる。
　ここまでの操作で、サンプルのマルウェア感染が完了したことになる。

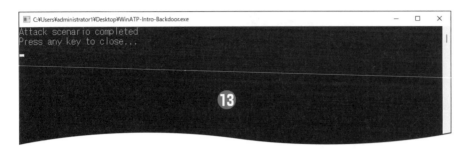

インシデントの参照

　ここからは事前準備で実行したサンプルマルウェアをMDEで検出した様子を［インシデント］項目から参照し、発生したインシデントの概要を確認します。

①Webブラウザーから、Microsoft 365 Defender管理センター（https://security.microsoft.com/）のURLにアクセスする。

②サインイン画面で、グローバル管理者などのロールが割り当てられたAzure ADアカウントのIDとパスワードを入力し、サインインする。

③Microsoft 365 Defender管理センター画面で、左側のメニューから［インシデントとアラート］－［インシデント］をクリックする。

④［インシデント］画面で、サンプルのマルウェアを実行したことで表示されたインシデント［Multi-stage incident involving Initial access & Discovery on one endpoint］をクリックする。

［インシデント］画面はテナントによって［Incidents］と表示される場合があります。

［インシデントとアラート］メニューに出力されるインシデント名とアラート名は同じマルウェアに感染しても毎回同じ名称で出力されるとは限りません。そのため、本手順でも［Multi-stage incident involving Initial access & Discovery on one endpoint］という名称ではないインシデントが表示される場合があります。

Microsoft 365 Defender管理センターから［インシデント］メニュー等を表示する場合、画面の右側が見切れてしまう場合があります。1つの画面に表示される内容を多くする場合、画面左上にある［≡］ボタンをクリックすると左側のメニューの表示を最小化して各メニュー内の内容が最大に表示されるようにすることができます。本書では適宜、［≡］をクリックして左側のメニューを最小化して表示しています。

⑤右側に表示された詳細画面で右上の［×］をクリックする。

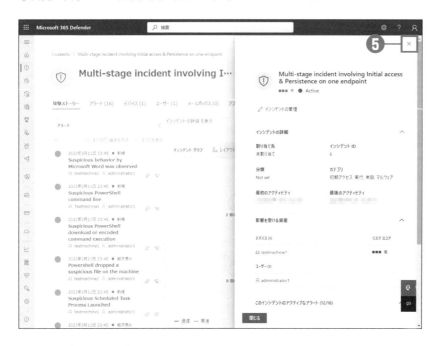

⑥インシデント画面（［Multi-stage incident involving Initial access & Discovery on one endpoint］画面）で［概要］タブをクリックして、発生したインシデントの概要情報を参照する。画面中央ではインシデントに関わったデバイスとユーザーの一覧、画面右側ではインシデントに関連するアクティビティの開始日時と終了日時、そして画面左側では発生したインシデントがMITRE ATT&CKのカテゴリ（戦術）のどの部分に当たるかをそれぞれ参照できる。

⑦インシデント画面で［デバイス］タブをクリックして、インシデントに関わったデバイスの一覧を確認する。これにより、インシデントの影響範囲を確認できるとともに、この情報はインシデントが発生したときに攻撃を拡大させないようにするためにデバイスの封じ込めを行う際、どこまでのデバイスで封じ込めを行えばよいか判断するのに役立つ。

⑧インシデント画面で［ユーザー］タブをクリックして、インシデントに関わったユーザーの一覧を確認する。マルウェア感染に関わるインシデントであれば、マルウェアを実行したユーザーを表す一覧とみなすことができる。内容を確認したら続いて、ユーザー名をクリックする。

⑨ユーザー名が表示される画面で、そのユーザーが引き起こしたアラートの一覧を参照できる。ここで表示される一覧ではアラートが単発で表示されていれば、そのインシデントは偶発的に発生したものかもしれないと判断することができる。一方、複数のアラートが連続して表示されているようであれば、現在のインシデントが原因で新しいインシデントを引き起こしたのか、などが把握できる。

> 本手順ではユーザー名をクリックして、ユーザーが引き起こしたアラートの一覧を参照していますが、同様の内容は手順❼の画面でデバイス名をクリックして、デバイスが引き起こしたアラートの一覧を参照することもできます。

⑩Webブラウザーの戻るボタンをクリックし、インシデント画面に戻る。

⑪インシデント画面で、［証拠と対応］タブをクリックする。［証拠と対応］タブではインシデントと判断するに至った証拠の一覧を参照できる。証拠はプロセス、ファイル、レジストリなどの項目から構成され、画面左側の各項目をクリックすることで、その詳細を確認できる。

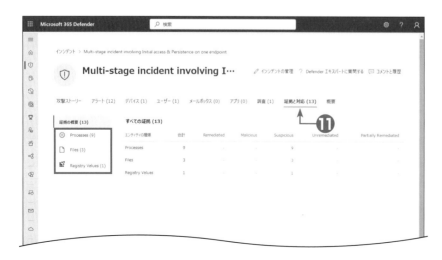

⑫[証拠と対応]タブで画面左側の[Processes]をクリックすると、インシデントと判断するに至ったプロセス一覧を確認できる。サンプルのマルウェアを実行したWINWORD.EXE（Microsoft Word）や、Wordのマクロ経由で実行されたと思われるWinATP-Intro-Backdoor.exe、レジストリへの不適切な書き込みに使われたと思われるreg.exeなどが表示されていることが確認できる。

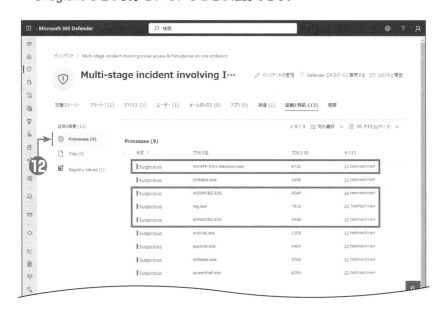

> プロセス一覧を参照するときに注意すべき点は、プロセスとして表示されているプログラムはプログラムそのものが悪性とは限らないことです。例えばreg.exeはWindows標準のプログラムであり、正規のレジストリアクセスにも使われるプログラムですが、今回のように別のプログラム（プロセス）から呼び出されて不適切なレジストリアクセスの目的に悪用されてしまうケースがあります。

⑬[証拠と対応]タブで画面左側の[Files]をクリックすると、インシデントと判断するに至ったファイル一覧を確認できる。サンプルのマルウェアとして提供されているRS4_WinATP-Intro-Invoice.docmファイルや、[Processes]項目でも表示されていたWinATP-Intro-Backdoor.exeファイルが確認できる。なお、前述のとおり[Processes]項目に表示されたプロセスはプログラムそのものが悪性であるとは限らないが、WinATP-Intro-Backdoor.exeファイルの場合は[Files]項目でも確認できるため、ファイルそのものが悪性であることが確認できる。

⑭[証拠と対応] タブで画面左側の [Registry Values] をクリックすると、インシデントと判断するに至ったレジストリの値一覧を確認できる。この画面の例ではS-1-5-21-3858884719-1082487665-2653633863-500¥Software¥Microsoft¥Windows¥CurrentVersion¥RunOnceキーにTrojという値がセットされたことが表示されており、RunOnceはWindowsの起動時に実行するプログラムを定義するキーであるため、「Troj」というプログラム（らしきもの）がWindowsの起動時に実行されることを表している。

⑮インシデント画面で [攻撃ストーリー] タブをクリックし、右側に表示された詳細画面で右上の [×] をクリックする。

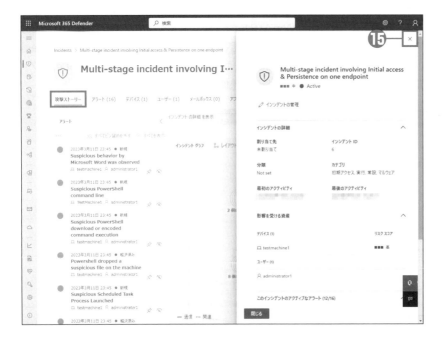

⑯インシデント画面の［攻撃ストーリー］タブでは、［証拠と対応］タブで表示されていた証拠の関係性を参照できる。

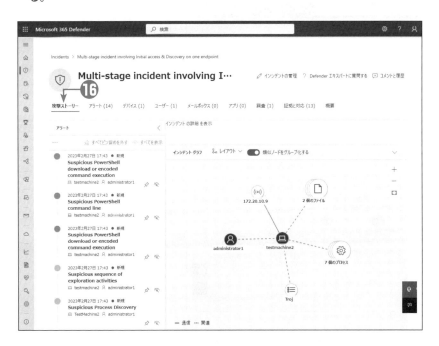

⑰［攻撃ストーリー］タブで「Troj」と表示されている部分をクリックし、［関連するアラートをピン留めする］をクリックする。

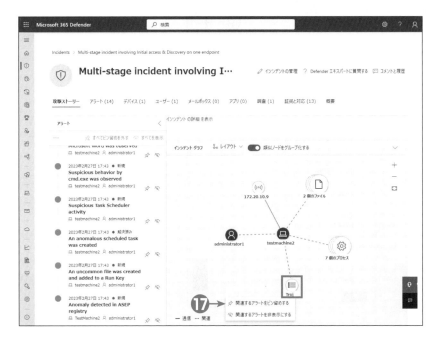

⑱手順⑰の結果、Trojに関連するアラートが強調表示されたことが確認できる。

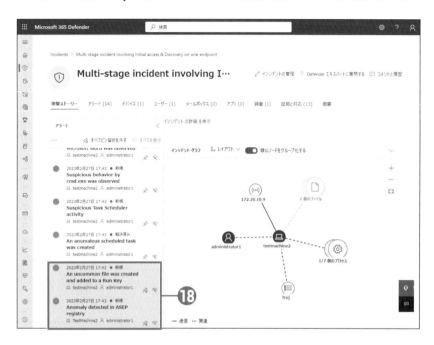

⑲強調表示された項目から［An uncommon file was created and added to a Run Key］をクリックする。すると右側の詳細画面で対応するアラートを参照できる。確認できたら画面右上にある［×］をクリックする。

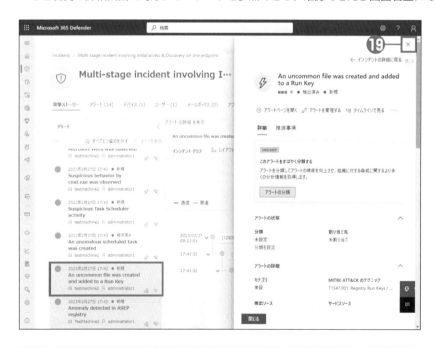

ここまでの操作により［証拠と対応］タブで曖昧にしか確認できなかったTrojの実態に迫ることができました。なお、アラートの具体的な見方についてはこの章の4で解説します。

⑳［攻撃ストーリー］タブの［インシデントグラフ］で、［類似ノードをグループ化する］をオフにする。

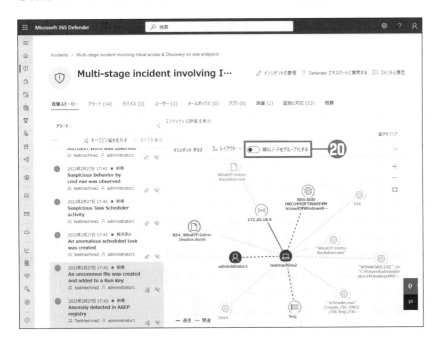

㉑［インシデントグラフ］で［RS4_WinATP-Intro-Invoice.docm］をクリックする。するとメニューから特定ファイルに対してさまざまな操作を行えることが確認できる。ここではメニューから［ファイルの詳細］をクリックする。

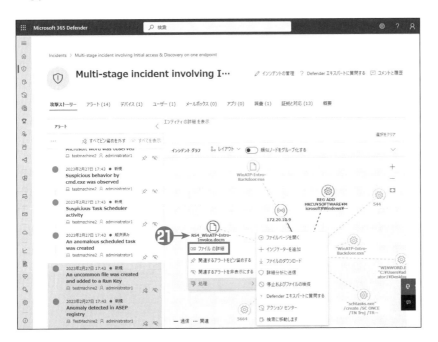

特定ファイルに対する操作に関する詳細は、この章の4で解説します。

㉒手順㉑の結果、RS4_WinATP-Intro-Invoice.docmファイルの詳細画面が右側に表示されたことが確認できる。
［×］をクリックして画面を閉じる。

特定ファイルの画面の見方については、この章の4で解説します。

MITRE ATT&CK

MITRE ATT&CKとはMITRE社が提供するサイバー攻撃のフレームワークで、サイバー攻撃で使われる戦術、技法、手順を体系化したナレッジベースとしてWebサイトに公開されています（https://attack.mitre.org/）。

Webサイトに公開されているMITRE ATT&CKのマトリクスチャートでは戦術が横に並び、技法・手順がそれぞれの戦術にカテゴリ分けされた形で縦に並んでいます。

戦術として全部で14種類が定義されており、それぞれ次のような目的で悪用されます。

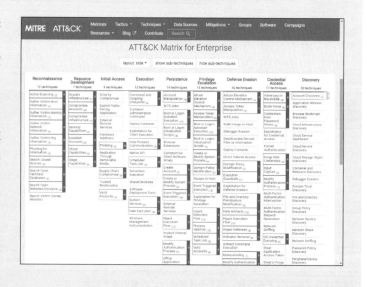

戦術	説明
偵察（Reconnaissance）	攻撃対象を決定するために必要な情報を収集する
リソース開発（Resource Development）	攻撃をサポートするために必要なリソースを作成、購入、窃盗する
初期アクセス（Initial Access）	攻撃者がフィッシング詐欺やWebサーバーの脆弱性などを悪用してネットワークに侵入する
実行（Execution）	攻撃者が悪意のあるコードを実行する
永続化（Persistence）	攻撃者が再起動やパスワード変更などにかかわらず不正アクセスできる環境を確保する
権限昇格（Privilege Escalation）	攻撃者がより高いレベルの権限を取得する
防御回避（Defense Evasion）	攻撃者による侵害が検知されないようにする
認証情報アクセス（Credential Access）	攻撃者が資格情報を盗む
探索（Discovery）	攻撃者が今後の攻撃の足掛かりにするために内部ネットワーク環境に関する情報を収集する
水平展開（Lateral Movement）	攻撃者が内部ネットワーク内の別のシステムに侵入する
情報収集（Collection）	データ詐取のために必要な情報収集を行う
C&C（Command and Control）	攻撃者が侵害されたシステムと通信して制御する
持ち出し（Exfiltration）	攻撃者がデータを盗む
影響（Impact）	攻撃者がシステムを利用できなくしたり、データを改ざん・暗号化したりして、可用性や完全性を侵害する

　MDEのインシデントでは発生したインシデントがMITRE ATT&CKのどの戦術を利用したかが把握できるようになっています。一般的なサイバー攻撃はマトリクスチャートの左側から右側に向けて進行するため、現在発生しているインシデントが攻撃のどの段階にあるのかを理解し、インシデント対応の優先度を決定する上での要素として活用できます。

まとめ

　ここまでのところで［インシデント］項目を参照し、サンプルのマルウェアを実行することで発生したインシデントについて確認しました。ここまでの内容を参照する限りでは少なくとも誤検知ではないことは確認できました。一方、この節の記述で「……と思われる」と不確定な書き方をしている部分がありました。これらを把握するために、次の節で解説する［アラート］項目を利用していきます。

4 アラートの参照

前の節では［インシデント］項目からインシデント調査を行いましたが、インシデントの調査としては不十分なところがありました。この節ではインシデント内のアラートを参照し、［インシデント］項目だけでは把握しきれなかった部分の調査を行います。

アラートの参照

前の節では［インシデント］項目を参照して、サンプルのマルウェアを実行したことによる影響について、その概要を確認しました。一方、［インシデント］項目だけでは把握しきれない内容があることも確認しました。そこで、続いて［アラート］項目を参照し、マルウェア感染の経緯や詳細な特徴について確認します。

アラートは必ずインシデントの中で定義されます。そのため、［インシデント］項目を参照したあとでアラートを参照するときは、自身でチェックしたインシデント項目に対応するアラートがどれであるかを確認するようにします。Microsoft 365 Defender管理センターの［インシデントとアラート］メニューから［アラート］項目を参照すると、すべてのインシデントに関連付けられたすべてのアラートが表示されてしまうため、［インシデントとアラート］メニューの［インシデント］項目から特定のインシデントに関連付けられているアラートを参照することをお勧めします（Microsoft Defender for Businessの場合は［インシデントとアラート］メニューの［アラート］項目が用意されていないため、特定インシデントの中からアラートを参照する方法がアラートへの唯一のアクセス方法となります）。

　アラート画面は画面左側に表示される［アラートのストーリー］と、画面右側に表示される内容（詳細情報）の2つから構成されます。ここでは前の節で利用したサンプルマルウェアの実行結果をもとにアラート画面から調査を行います。

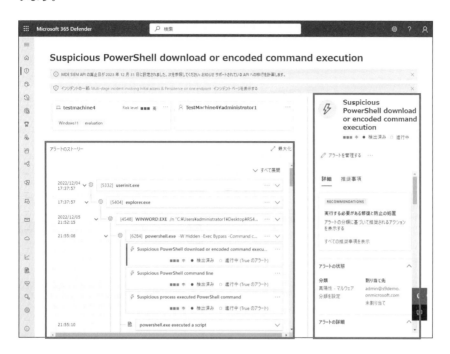

アラートへのアクセス

①Webブラウザーから、Microsoft 365 Defender管理センター（https://security.microsoft.com/）のURLにアクセスする。

②サインイン画面で、グローバル管理者などのロールが割り当てられたAzure ADアカウントのIDとパスワードを入力し、サインインする。

③Microsoft 365 Defender管理センター画面で、左側のメニューから［インシデントとアラート］−［インシデント］をクリックする。

④［インシデント］画面で、サンプルのマルウェアを実行することで表示されたインシデント［Multi-stage incident involving Initial access & Discovery on one endpoint］の左側にある［∧］ボタン（クリック後は［∨］ボタン）をクリックしてアラート一覧を表示させる。

⑤表示されたアラート一覧から、ここでは代表として［Suspicious PowerShell downloaded or encoded common execution］をクリックする。

[インシデントとアラート] メニューに出力されるインシデント名とアラート名は同じマルウェアに感染しても毎回同じ名称で出力されるとは限りません。そのため、本手順でも [Multi-stage incident involving Initial access & Discovery on one endpoint] の名称ではないインシデントが表示される場合があります。

⑥アラート画面（[Suspicious PowerShell downloaded or encoded common execution] 画面）が表示され、アラートの内容（詳細情報）が確認できる。

［アラート］項目の探索と調査

　ここからは［アラート］項目の内容を参照し、インシデントの調査を行います。ここでは前の手順でアクセスした［Suspicious PowerShell downloaded or encoded common execution］画面を利用します。なお、インシデントとアラートで出力される内容はAIをベースに生成されるため、毎回同じ内容が表示されるとは限りません。あらかじめご了承ください。

①アラート画面（［Suspicious PowerShell downloaded or encoded common execution］画面）で、画面左側に表示される［アラートのストーリー］項目を参照し、アラートとなる事象が時系列に並んでいることを確認する。［アラートのストーリー］内にある赤字の部分がアラートを表しており、インシデント内に出力されたすべてのアラートは［アラートのストーリー］からまとめて参照できる。

②アラート画面で、［アラートのストーリー］内に赤字で表示された［Suspicious PowerShell downloaded or encoded common execution］項目を参照すると、1つ上に［powershell.exe］という項目があることが確認できる。つまりpowershell.exeで実行したスクリプトが［Suspicious PowerShell downloaded or encoded common execution］アラートを引き起こしたことを表している。さらに、［Suspicious PowerShell downloaded or encoded common execution］アラートをクリックすると、画面右側にアラートの内容（詳細情報）を参照することができる。

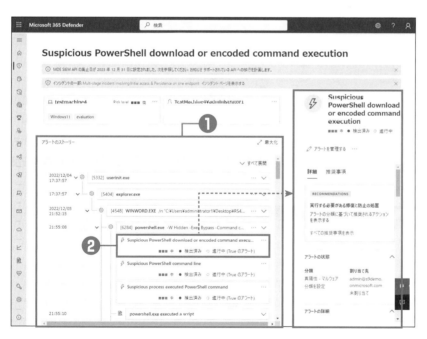

③アラート画面で［アラートのストーリー］内を参照すると、［Suspicious PowerShell downloaded or encoded common execution］アラートの1つ上に［powershell.exe］があり、さらに1つ上に［WINWORD.EXE］という項目があることがわかる。これは WINWORD.EXE（Microsoft Word）から powershell.exe を実行し、powershell.exe（でスクリプト）を実行することによりアラートを引き起こした、という関係性が確認できる。

④アラート画面で、［アラートのストーリー］から右上の［最大化］をクリックする。すると［アラートのストーリー］部分が大きく表示される。

⑤アラート画面で、［アラートのストーリー］内の［powershell.exe］の右側にある［∨］ボタンをクリックする（クリック後は［∧］ボタンに変わる）。すると、PowerShell で実行したコマンドレット（スクリプト）の詳細が確認できる。

⑥アラート画面で、[アラートのストーリー]内の[powershell.exe]の下にある[File Create WinATP-Intro-Backdoor.exe]の右側にある[∨]ボタンをクリックする。すると、PowerShellのコマンドレット（スクリプト）の実行によって作成されたファイルが確認できる。

⑦アラート画面で、[アラートのストーリー]内の[File Create WinATP-Intro-Backdoor.exe]の下にある[schtasks.exe]の右側にある[∨]ボタンをクリックする。schtasks.exeはタスクスケジューラに対する操作を行うコマンドのため、WinATP-Intro-Backdoor.exeファイルがスケジュールタスクとして登録されたことが確認できる。

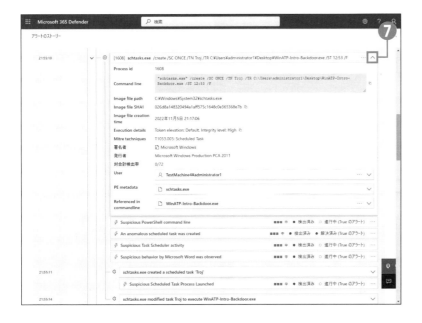

⑧アラート画面で、[アラートのストーリー]内の［File Create WinATP-Intro-Backdoor.exe］の右側にある［…］ボタンをクリックする。表示されたメニューでは、[ファイルページを開く］をクリックしてファイルの詳細を確認したり、[停止およびファイルの検疫］をクリックして悪性のファイルを手動で修復したりすることができる。ここでは［ファイルページを開く］をクリックする。

⑨ファイルの詳細画面（ファイルページ）が開く。［概要］タブの［マルウェアの検出］欄から Virustotal.com によるファイルの調査結果を確認したり、[ファイル普及率］欄から同じファイルが組織内の別のデバイスで使われた回数や全世界で使われた回数などが確認できる。

⑩ファイルの詳細画面で［詳細分析］タブをクリックし、［送信］をクリックする。これによりマイクロソフトへマルウェアの検体が送信され、分析が行われる。

⑪［詳細分析］タブで、しばらくするとファイルの分析結果が表示される。分析結果ではファイルを実行することによって起こるアクティビティや、そこから生成されるファイルやレジストリ設定、実際に行われるネットワーク通信などを確認できる。

コラム　特定のアラートの検索

　MDEで出力されたアラートはインシデントの中でその一覧を確認できることを解説しました。一方、出力されたアラートの中から特定の戦術（MITRE ATT&CKの戦術）を利用したアラートを参照したい場合、Microsoft 365 Defender管理センターの［インシデントとアラート］－［アラート］から［フィルター］項目内の［カテゴリ］を利用して絞り込みを行うことができます。

　MDEのいくつかのカテゴリはMITRE ATT&CKの戦術に対応しており、該当の項目にチェックを入れてフィルター設定することで、特定のカテゴリのアラートだけが表示されます（上の画面では該当のカテゴリのアラートが存在するものだけが表示されているため、すべてのMDEのカテゴリが表示されているわけではありません）。

　この章の3でも解説したように、一般的なサイバー攻撃はMITRE ATT&CKのマトリクスチャートの左側から右側に向けて進行するため、自社で発生したインシデントが攻撃のどの段階にあるのか、そしてそれぞれの段階でどのような攻撃が行われたのかを把握するのに活用できます。

まとめ

　ここまでのところで［アラート］項目を参照し、サンプルのマルウェアを実行することで発生した各アラートとその詳細について確認しました。ここまでの内容をまとめると、今回のマルウェアを実行したことにより、次のようなことが行われたことがわかりました。

- サンプルのマルウェアRS4_WinATP-Intro-Invoice.docmを評価ラボで用意した仮想マシンで実行したところ、Wordが起動し、そこからpowershell.exeが呼び出された。
- powershell.exeではスクリプトが実行され、WinATP-Intro-Backdoor.exeファイルが生成された。

- powershell.exe からタスクスケジューラのコマンドである schtasks.exe が実行され、WinATP-Intro-Backdoor.exe ファイルを自動的に実行するように登録された。
- タスクスケジューラ経由で WinATP-Intro-Backdoor.exe 自身が実行される様子は［アラート］項目からは確認できなかった。
- WinATP-Intro-Backdoor.exe ファイルの詳細分析を行ったところ、実行することで特定のレジストリ項目に対する書き込み等を行うことが確認できた。

このような調査結果が［アラート］項目を参照することによって確認できました。次の節からは、ここまでの結果をもとに組織内でのアクションを行ったり、さらに詳細な分析を行ったりするために利用可能なサービスについて解説していきます。

コラム　トリアージの実行

この章の3と4の内容を通じて［インシデント］項目と［アラート］項目を参照し、発生したインシデントの概要を把握しました。これらの内容をもとにトリアージを行う場合、誤検知であるか、緊急性や重大度の高いインシデントであるか、さらにはセキュリティベンダーとの連携が必要なインシデントであるか、といった判断が求められます。ここではこれまでに解説した内容をもとにトリアージを行う上で役立つ判断材料を紹介します。

重大度

個々のインシデントとアラートには重大度が設定されています。重大度は［高］［中］［低］［情報］の4段階で定義され、トリアージの判断基準として最もわかりやすいものと言えるでしょう。

状態

個々のインシデントとアラートにはインシデント対応の状況を把握する目的で［状態］と呼ばれる項目が用意されています。［状態］には［新規］［進行中］［解決済み］の3種類があり、どの状態であるかによってインシデントの対応状況が確認できます。この設定は手動で設定できるほか（設定方法については第8章の3を参照）、MDE による自動調査と対応によって自動的に解決済みに状態が変化する場合があります。つまり自動的に解決済みに変化したということは（一般的に）必要とされる対応は既に完了しているため、対応の緊急度は下げて考えることができるでしょう。

検出ソース

個々のインシデントとアラートには［検出ソース］と呼ばれる項目があり、そのインシデントやアラートをどのような製品 / サービスで検出したか確認できます。例えば「ウイルス対策」と表示されている場合であればクライアントで検出したことを表し、「EDR」と表示されている場合であればウイルス対策ソフトによる検知・修復はできず、MDE の EDR 機能によってはじめて検出したことを表します。EDR 機能によって検出した場合、ウイルス対策ソフトによるリアルタイム検出ができなかったため、攻撃が開始してから検出したと考えることができます。このように考えるとウイルス対策ソフトによって検出したか、EDR によって検出したかによって、対応の重要度に違いが出てくることがわかります。

調査

[インシデント]項目に含まれる[調査]タブでは発生したインシデントへの対応状況を確認できます。MDE
の自動調査によって修復等の対応ができているのか、対応が完了したのか、などを把握できるため、インシデ
ントは発生したものの自動調査によって対応が完了しているから緊急の対応は必要ない、インシデントは発生
しているけど対応がまったくできていないので手動での対応が必要である、などの判断材料として利用できま
す。

上の画面では発生したインシデントに対してRemediate (修復) を行ったことが確認できますが、その修復
に要した時間も画面右側で確認できます。一般に修復に要した時間が短ければ他への影響は少なく、時間が長
ければ他へ影響が及んでいる可能性があるため、修復までの時間もトリアージの判断を行う上で必要な材料の
ひとつと言えるでしょう。

5 アラートメールの取得設定

この章の3と4で解説した［インシデント］項目と［アラート］項目の内容は出力されたらすぐに対応が開始できるよう、アラート出力時に管理者にメールを送信するように設定することができます。ここではメール送信の設定を解説します。

メール送信の設定

①Webブラウザーから、Microsoft 365 Defender管理センター（https://security.microsoft.com/）のURLにアクセスする。

②サインイン画面で、グローバル管理者などのロールが割り当てられたAzure ADアカウントのIDとパスワードを入力し、サインインする。

③Microsoft 365 Defender管理センター画面で、左側のメニューから［設定］をクリックし、［設定］画面で［エンドポイント］をクリックする。

④[エンドポイント]画面で、左側のメニューから[メール通知]をクリックし、[アラート]タブが選択されていることを確認して[アイテムを追加]をクリックする。

⑤[新規の通知メール]画面の[全般]タブで、[ルール名]に任意の名前を入力し（ここでは**アラートのメール通知**と入力）、[アラートの重要度]をクリックして、すべてのチェックボックスにチェックを入れる。

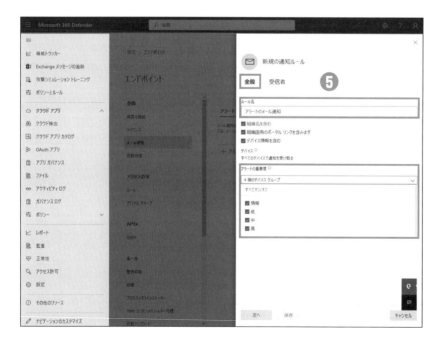

⑥ [新規の通知ルール] 画面で [受信者] タブをクリックし、[受信者のメールアドレス] に、アラートが出力されたことをメールで通知されたい管理者のメールアドレスを入力して [追加] をクリックする。

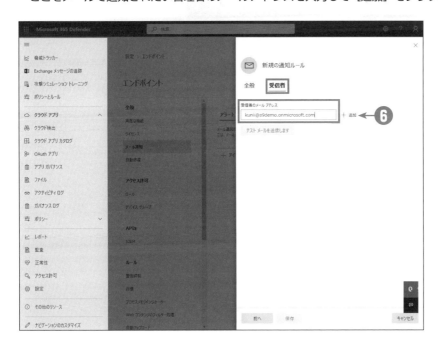

⑦メールアドレスが追加されたら、[保存] をクリックして完了する。

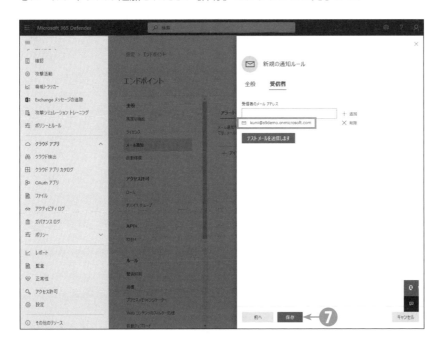

⑧［アラート］タブに戻り、メール通知の設定が登録されたことが確認できる。

6 タイムラインによる デバイス単位での調査　MDE P2

　この章の4の「まとめ」で、「タスクスケジューラ経由でWinATP-Intro-Backdoor.exe自身が実行される様子は［アラート］項目からは確認できなかった」という解説をしました。それはタスクスケジューラから実行されたプログラムがアラートを出力するような事象ではないと判断されれば、プログラムが実行されていたとしても［アラート］項目に表示されることはないからです。では純粋にプログラムが実行された形跡があるかどうかを確認したい場合、どうすればよいでしょうか。このような疑問に答えるためにMDEでは「タイムライン」と呼ばれるサービスが用意されています。この節ではタイムラインについて利用方法とともに解説します。

タイムラインとは

　タイムラインとはオンボーディングされたデバイスでのアクティビティ（プロセスやファイル/レジストリアクセスなど）を時系列に並べたもので、インシデントやアラートとは異なり、悪意のあるアクティビティでないものも含めて表示される特徴があるため、アラートとしては出力されないようなアクティビティの追跡に役立ちます。

タイムラインによる実行履歴の追跡

　この章の4でマルウェアを実行することによってWinATP-Intro-Backdoor.exeファイルが生成され、タスクスケジューラにスケジュールタスクとして登録されることを確認しました。ここでは登録されたWinATP-Intro-Backdoor.exeファイルが実行された履歴があるかについて確認します。

①Webブラウザーから、Microsoft 365 Defender管理センター（https://security.microsoft.com/）のURLにアクセスする。
②サインイン画面で、グローバル管理者などのロールが割り当てられたAzure ADアカウントのIDとパスワードを入力し、サインインする。
③Microsoft 365 Defender管理センター画面で、左側のメニューから［アセット］－［デバイス］をクリックする。
④［デバイスのインベントリ］画面の［コンピューターとモバイル］タブで、評価ラボで作成した仮想マシンの名前をクリックする。

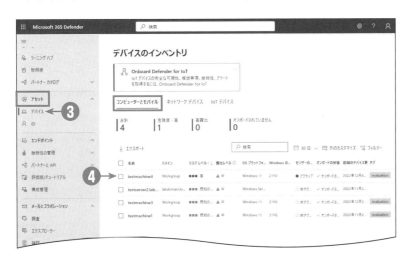

⑤デバイスの詳細画面が表示される。この画面では特定のデバイスにおけるリスクレベルと露出レベル、利用OSや
ユーザー名、発生したアラートなどの情報をまとめて参照できる。ここではタイムラインを参照するため［タイム
ライン］タブをクリックする。

デバイスの詳細画面に表示されているリスクレベルと露出レベル（「Exposure level」と英語で表示される場合もあります）はそ
れぞれデバイスが抱えるリスクを表しており、リスクレベルは過去に出力されたアラートから算出されるデバイスの危険度を表す
レベル、露出レベルはデバイスに残留する脆弱性や設定の不備から算出されるデバイスの危険度を表すレベルを表現しています。
これらのレベルはMicrosoft Intuneと組み合わせてAzure ADの条件付きアクセスのアクセス制御に活用することができます。詳
しくは姉妹書『ひと目でわかるIntune　改訂新版』（日経BP、2021年）を参照してください。

本手順の画面ショットは第5章の執筆時点（2022年12月）のものです。その後のMDEのアップデートにより、デバイスの詳細
画面が第8章の1に掲載したものに変更されていますが、本手順の実施には影響ありません。本手順ではタイムスタンプをもとに
履歴を追跡するため、画面ショットは執筆時点のままにしています。

⑥タイムライン画面で、［最大化］をクリックする。

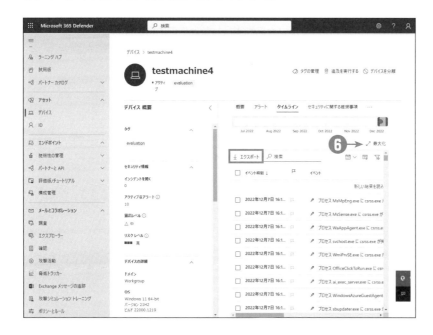

タイムライン画面にある［エクスポート］ボタンをクリックすると、現在参照している画面に表示されている内容をまとめてCSVファイルにエクスポートして参照することができます。エクスポートして参照することで、Excelファイルから参照できるので検索しやすい、大きな画面で参照できるなどのメリットがあります。一方、CSVファイルにエクスポートしてしまうと、エクスポート後に発生した事象を参照できないデメリットがあります。

⑦タイムライン画面で、検索ボックスに**WinATP-Intro-Backdoor.exe**と入力して Enter キーを押す。すると WinATP-Intro-Backdoor.exe ファイルが関わった、すべてのアクティビティが確認できる。

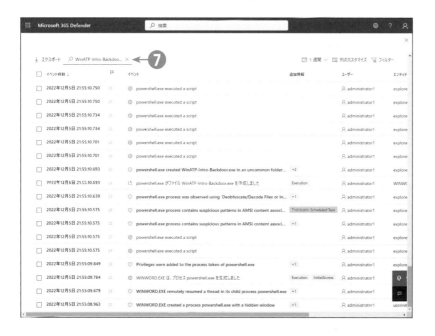

⑧タイムライン画面で、WinATP-Intro-Backdoor.exeが関わったアクティビティの中から最も古い時間のアクティビティである［WINWORD.EXE created a process powershell.exe with a hidden window］をクリックする。すると右側に詳細画面が開き、Wordでサンプルのマルウェアを実行したときの内容が確認できる。

⑨詳細画面を下方向にスクロールすると、［イベントエンティティのグラフ］でWINWORD.EXEからpowershell.exeを呼び出してスクリプトを実行した様子が確認できる。

⑩タイムライン画面で、時系列に並んだアクティビティー覧から時間を先に進め、［powershell.exeがファイル WinATP-Intro-Backdoor.exeを作成しました］をクリックする。すると、右側の詳細画面で、WINWORD.EXE からpowershell.exeを呼び出してスクリプトを実行し、その結果としてWinATP-Intro-Backdoor.exeファイル が作られたことが確認できる。

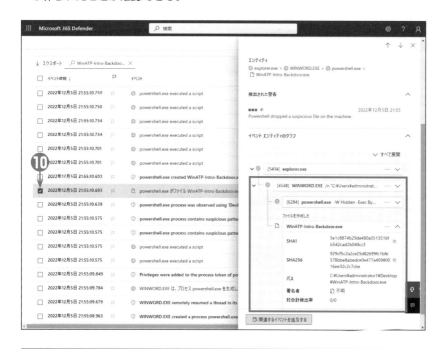

［WINWORD.EXE created a process powershell.exe with a hidden window］の詳細画面で参照したPowerShellと、 ［powershell.exeがファイルWinATP-Intro-Backdoor.exeを作成しました］の詳細画面で参照しているPowerShellは同じ PowerShellのプロセスなのかどうかを判断するには、実行したプロセスのプロセスIDを参照してください。今回の場合、どちら のPowerShellも「［6284］powershell.exe……」と表示されていることから、どちらもプロセスIDが6284であり、同じプロセ スであることがわかります。

⑪タイムライン画面で、時系列に並んだアクティビティー覧から時間を先に進め、［powershell.exe created a new scheduled task 'Troj' by invoking schtasks.exe］をクリックする。すると右側の詳細画面で、アラートでも確認したタスクスケジューラのコマンドであるschtasks.exeが実行され、［コマンドライン］には「"schtasks.exe" /create /SC ONCE /TN Troj /TR C:¥Users¥administrator1¥Desktop¥WinATP-Intro-Backdoor.exe /ST 12:53 /F」と表示されているので（画面上ではすべてが表示されていないが）、WinATP-Intro-Backdoor.exeを実行するようなスケジュールタスクが登録されたことがわかる。

⑫タイムライン画面で、時系列に並んだアクティビティー覧から時間を先に進め、［svchost.exe created a process WinATP-Intro-Backdoor.exe with mismatching original PEname Troj.exe］をクリックする。すると右側の詳細画面で、svchost.exe経由でWinATP-Intro-Backdoor.exeが実行されたことが確認できる。

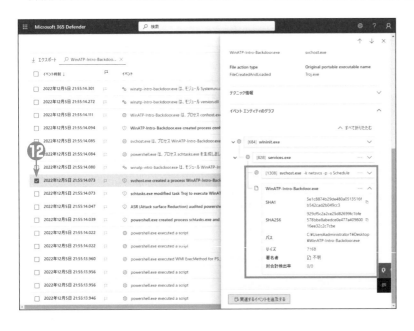

⑬タイムライン画面で、時系列に並んだアクティビティ一覧から時間を先に進め、［WinATP-Intro-Backdoor.exeは、プロセスcmd.exeを生成しました］をクリックする。すると右側の詳細画面で、WinATP-Intro-Backdoor.exe経由でcmd.exeが実行され、［コマンドライン］には「REG DELETE HKCU¥SOFTWARE¥Microsoft¥Windows¥CurrentVersion¥RunOnce /f /v Troj」と表示されているので（画面上ではすべてが表示されていないが）、レジストリのRunOnceキーからTrojが削除されたことがわかる。

⑭タイムライン画面で、時系列に並んだアクティビティ一覧から先の時間にある［WinATP-Intro-Backdoor.exeは、プロセスcmd.exeを生成しました］をクリックする。すると右側の詳細画面で、WinATP-Intro-Backdoor.exe経由でcmd.exeが実行され、［コマンドライン］には「REG ADD HKCU¥SOFTWARE¥Microsoft¥Windows¥CurrentVersion¥RunOnce /f /v Troj /t REG_EXPAND_SZ /d ^%userprofile^%¥desktop¥WinATP-Intro-Backdoor.exe」と表示されているので（画面上ではすべてが表示されていないが）、レジストリのRunOnceキーに［デスクトップ］フォルダーに保存されているWinATP-Intro-Backdoor.exeが追加されたことがわかる。

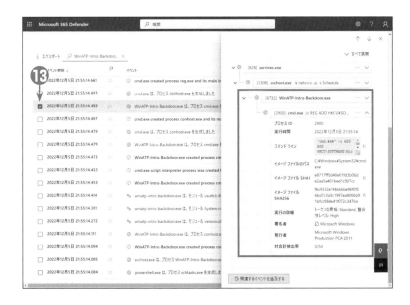

⑮タイムライン画面で、時系列に並んだアクティビティ一覧から時間を先に進め、[winatp-intro-backdoor.exeは、EUS:Win32/CustomEnterpriseBlockとしてウイルス対策によって検出されました]をクリックする。すると右側の詳細画面で、Microsoft Defenderウイルス対策によってWinATP-Intro-Backdoor.exeが検出され、修復されたことがわかる。

タイムラインを利用した調査のまとめ

　タイムライン画面では、アラートでも同様の内容を確認したようにサンプルのマルウェアをMicrosoft Word経由で実行することでPowerShellスクリプトの実行、タスクスケジューラへのWinATP-Intro-Backdoor.exeファイルの登録、タスクスケジューラに基づくWinATP-Intro-Backdoor.exeファイルの実行がそれぞれ確認できました。そしてWinATP-Intro-Backdoor.exeは実行することによって、レジストリのHKCU¥SOFTWARE¥Microsoft¥Windows¥CurrentVersion¥RunOnceキーに自身を登録しましたが、その後Microsoft Defenderウイルス対策によって検疫されることでマルウェアの実行が収束したことが確認できました。

自動調査と修復

前の章では、［インシデントとアラート］メニューでMDE管理者が手動でインシデント調査を行いました。この章では、MDEが自動でインシデントの調査を行い、その結果に基づいて自動的に修復を行うサービスについて見ていきます。

1 アクションセンターを利用した 修復

　第5章ではサンプルマルウェアであるRS4_WinATP-Intro-Invoice.docmファイルを利用してインシデントが出力される様子を確認しました。MDEでは収集したアクティビティからインシデントやアラートという形で発生した事象を把握できるだけでなく、発生したインシデント/アラートから自動調査を通じて証拠の特定と修復内容を自動的に提示し、修復処理そのものも自動的に実行する機能が備わっています。

インシデント対応プロセス	検知・連絡受付	▶ トリアージ	▶ インシデント対応	▶ 報告・事後対応
EDRが提供する機能	アラートによる通知	インシデントの原因影響範囲の特定	封じ込め 復旧	レポート作成に必要な情報の提供

MDEによる修復

　MDEではオンボーディングされたデバイスのアクティビティからインシデント/アラートを出すべき事象と判定した場合、その結果をMicrosoft 365 Defender管理センターの［インシデントとアラート］メニューから参照できるだけでなく、発生した事象によって攻撃を拡大させないようにするための処置を行います。これを「修復」と呼びます。修復はMDEのサービスの中で、それぞれのインシデント/アラートに対してどのような修復を行うべきかに関する情報が登録されており、発生したインシデント/アラートに対して適切な修復内容が提示されます。

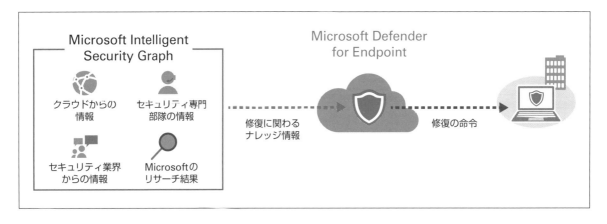

　MDEが提供する修復には次のようなものがあります。

- マルウェア等の悪性ファイルの検疫
- 永続化のために書き込まれたレジストリキーの削除
- 実行中の悪性ファイル（プロセス）の強制終了
- 悪性ファイルを実行するように構成されたサービスの停止
- ドライバーの無効化
- 永続化を目的として作られたスケジュールタスクの停止・削除

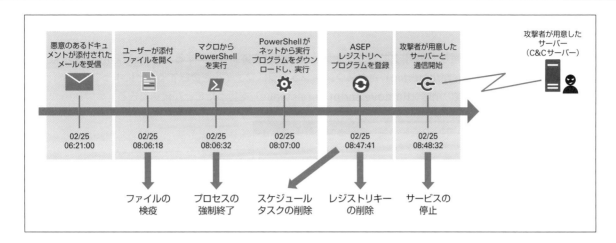

これらの処理結果はMicrosoft 365 Defender管理センターの［アクションセンター］メニューまたは特定インシデント内の［証拠］タブから確認できます。

> 検疫とは悪性ファイルを実行できない状態にする処置のことを指します。具体的には悪性ファイルを暗号化し、特定のフォルダーに格納しておくことでファイルの実行を防ぎます。マルウェア対策であれば悪性ファイルを削除することもひとつの方法ですが、検疫することでマイクロソフトへの（調査・分析を目的とした）検体の送信を行ったり、誤検知があったときに復元することができるようにしたりするメリットがあります。

アクションセンターを利用した修復結果の確認

アクションセンターはMDEが提示する修復内容を確認するために用意されたメニューです。メニューは［保留中］と［履歴］の2つのタブから構成され、［保留中］タブはこれから実行する修復内容、［履歴］タブは既に実行した修復内容をそれぞれ参照できます。既定では修復は自動的に行われるため、基本的には［履歴］タブから結果を確認することになります。ここでは［履歴］タブを参照して結果を確認する方法について説明します。

①Webブラウザーから、Microsoft 365 Defender管理センター（https://security.microsoft.com/）のURLにアクセスする。

②サインイン画面で、グローバル管理者などのロールが割り当てられたAzure ADアカウントのIDとパスワードを入力し、サインインする。

③Microsoft 365 Defender管理センター画面で、左側のメニューから［アクションと報告］－［アクションセンター］をクリックする。

④［アクションセンター］画面で［履歴］タブをクリックし、修復内容を確認する。すると、WinATP-Intro-Backdoor.exeファイルの検疫（Quarantine file）とタスクスケジューラにファイルを登録することによって自動実行するように仕向けた永続化処理の削除（Remove script persistence）を行ったことが確認できる。

⑤［履歴］タブで、「Quarantine file」と表示された項目をクリックする。

⑥［Quarantine file］画面で、［アクションの詳細］を参照する。すると［操作ステータス］が「Completed」と表示されていることが確認できる。

［Quarantine file］画面の［File詳細］を参照すると［判定］に「Not found」と表示されています。つまりファイルがなかったから処理が完了したと判定をしていることがわかります。しかし、「なぜファイルがなくなったのか？」という根本的な原因はこの情報だけで判断することはできません。この点については第7章で解説します。

⑦［アクションセンター］画面で、「Remove script persistence」と表示された項目をクリックする。

⑧［Remove script persistence］画面で、［アクションの詳細］を参照する。すると［操作ステータス］が「Completed」と表示されていることが確認できる。

［インシデント］項目からの修復内容の確認

アクションセンターで参照した内容は［インシデント］項目の［調査］タブから同じ内容を確認できます。［インシデント］項目から参照するメリットは発生したインシデント/アラートと関連付けて修復内容を把握できることや、修復にかかった時間などを参照できる点にあります。

①Microsoft 365 Defender管理センター画面で、左側のメニューから［インシデントとアラート］−［インシデント］をクリックする。

②［Incidents］画面で、［Multi-stage incident involving Initial access & Persistence on one endpoint］をクリックする。

［Incidents］画面はテナントによって［インシデント］と表示される場合があります。

③［Multi-stage incident involving Initial access & Persistence on one endpoint］画面が表示されるので、
　［調査］タブをクリックする。

④［調査］タブではインシデントとして出力された内容の中からタスクスケジューラへの登録に対応する修復について
　「An anomalous scheduled task was created」と表示されていることが確認できる。［An anomalous
　scheduled task was created］をクリックする。

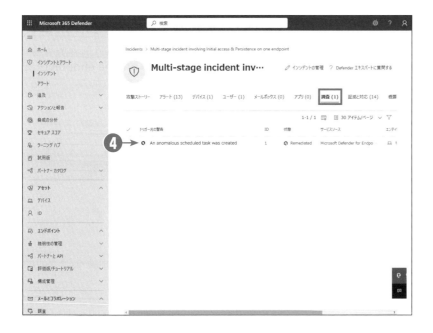

⑤［An anomalous scheduled task was created］画面で、修復内容の概要を確認する。修復結果や修復に要した時間などが確認できる。

⑥［An anomalous scheduled task was created］画面で、［調査概要］欄の［＜］をクリックして折り畳み表示にしてから、［証拠］タブをクリックする。

⑦［証拠］タブで、スケジュールタスクの登録、「Troj」という名前のタスクの登録に対して修復（Remediated）したこと、そしてそれが完了（Completed）したことが確認できる。

⑧［証拠］タブで、WinATP-Intro-Backdoor.exe ファイルについては「Not found」と表示されていることが確認できる。

⑨［An anomalous scheduled task was created］画面で、［警告］タブをクリックする。すると、この修復内容がどのアラートに対応するものであるかが確認できる。

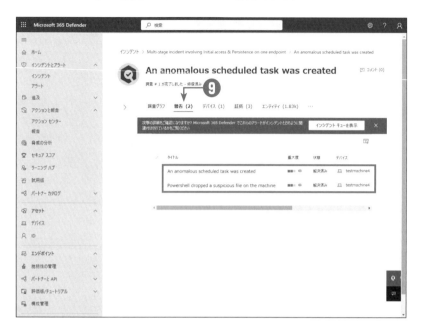

⑩［An anomalous scheduled task was created］画面で、［ログ］タブをクリックする。すると、どのようなチェックを行った結果として修復を行うべきと判断したかが確認できる。

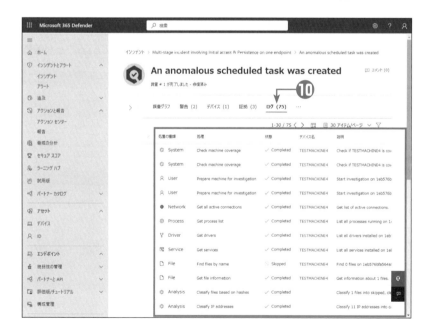

パッシブモード / ブロックモード

MDEで決定した修復内容はクライアントデバイス上で実行することで完結します。クライアントデバイスでその処理を担うのがMicrosoft Defenderウイルス対策です。Microsoft Defenderウイルス対策はMDEと通信を行うことで修復内容を受信し、その内容に沿った修復処理を実行開始します。

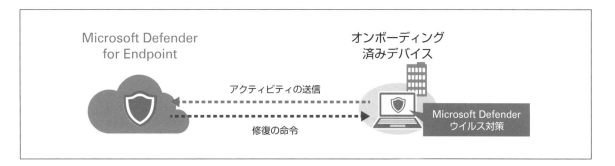

しかし、Microsoft Defenderウイルス対策ではないサードパーティ製のウイルス対策を利用している場合、Microsoft Defenderウイルス対策を利用できないため修復処理自体が実行できなくなってしまいます。こうした問題を解決するためにMicrosoft Defenderウイルス対策ではサードパーティ製ウイルス対策とともに実行できるよう、修復処理だけを実行できるモードを用意しています。これを「パッシブモード」と呼びます。Microsoft Defenderウイルス対策がパッシブモードで動作している場合、MDEではブロックモードのEDR機能を有効化し、パッシブモードで動作するデバイスで悪意あるアクティビティを検知し、修復を行えるようにする必要があります。

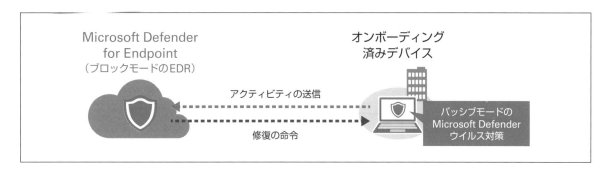

パッシブモードはWindows 11/10がインストールされたオンボーディング済みコンピューターにサードパーティ製ウイルス対策ソフトをインストールすると自動的に切り替わるため、設定変更を行うことなく利用できます。

Windows Serverがインストールされたオンボーディング済みコンピューターにサードパーティ製ウイルス対策ソフトをインストールした場合、パッシブモードへの切り替えは手動で行う必要があります。パッシブモードの設定はレジストリに次のキーを登録します。

```
パス：HKLM¥SOFTWARE¥Policies¥Microsoft¥Windows Advanced Threat Protection
名前：ForceDefenderPassiveMode
種類：REG_DWORD
値：1
```

一方、MDE側の設定であるブロックモードのEDRは次の方法で有効化します。

①Microsoft 365 Defender管理センター画面で、左側のメニューから［設定］をクリックする。
②［設定］画面で、［エンドポイント］をクリックする。

③［エンドポイント］画面で、左側のメニューから［高度な機能］をクリックし、［ブロックモードでEDRを有効にする］をオンにして、［ユーザー設定の保存］をクリックする。

2 修復レベルのカスタマイズ MDE P2

ここまでMDEではインシデントが発生すると自動的に調査を行い、その結果に基づいて自動的に修復を行う様子を見てきました。一方、修復は組織によって自動で行いたい場合もあれば、そうでない場合もあります。この節では修復の自動化設定をカスタマイズする方法について確認します。

修復レベル

MDEの修復は自動的に行うよう、既定で設定されています。しかし「MDE管理者が修復内容を参照し、承認した場合だけ、その修復を実行してほしい」というような修復を勝手に行ってほしくない組織もあります。このような場合、修復レベルを設定し、自動的に修復を行わないように構成することができます。

MDEの修復には次のようなレベルがあります。

自動修復レベル	説明
完全 - 自動的な脅威の修正	既定の修復レベルで、修復すべきアクションがあれば、すべて自動的に実行します。
コアフォルダーへの半承認	コアフォルダー（C:¥Windows配下のファイル）に対する修復は自動的に行われず、管理者による承認が必要になります。 なお、コアフォルダー以外のフォルダーに保存されたファイルに対する修復は自動的に実行します。
一時フォルダー以外への半承認	一時フォルダー（※）配下のファイル以外のファイルに対する修復は自動的に行われず、管理者による承認が必要になります。 なお、一時フォルダー配下に保存されたファイルに対する修復は自動的に実行します。
すべてのフォルダーを半承認	すべての修復アクションは管理者による承認が必要です。
自動応答なし	自動調査を行わないため、修復も実行しません。

（※）一時フォルダーに該当するフォルダーの一覧
¥users¥*¥appdata¥local¥temp¥*
¥documents and settings¥*¥local settings¥temp¥*
¥documents and settings¥*¥local settings¥temporary¥*
¥windows¥temp¥*
¥users¥*¥downloads¥*
¥program files¥
¥program files (x86)¥*
¥documents and settings¥*¥users¥*

> Microsoft Defender for Businessの場合、自動修復レベルは［完全 - 自動的な脅威の修正］に固定され、設定を変更することはできません。

自動修復レベルの設定

自動修復レベルはデバイスグループ単位で設定するため、オンボーディングされたデバイスごとに異なる修復レベルを設定することができます。ここではWindows 11がインストールされたデバイスを対象にすべてのフォルダーを半承認するように設定する方法について確認します。なお、デバイスグループではデバイスグループにアクセスするための管理ロールが割り当てられたAzure ADグループを選択する必要があります。ここではAzure ADグループとして第1章の5で作成した**MDEAdmins**グループを使用します。

①Webブラウザーから、Microsoft 365 Defender管理センター（https://security.microsoft.com/）のURLにアクセスする。

②Microsoft 365 Defender管理センター画面で、左側のメニューから［設定］をクリックする。

③［設定］画面で、［エンドポイント］をクリックする。

④［エンドポイント］画面で、左側のメニューから［高度な機能］をクリックし、［自動調査］と［自動的にアラート
　を解決する］がオンに設定されていることを確認する。

［自動調査］と［自動的にアラートを解決する］は、自動調査と自動修復を行うための設定項目です。この設定は既定で有効になっ
ていますが、念のため有効であることを確認しています。

⑤［エンドポイント］画面で、左側のメニューから［デバイスグループ］をクリックし、［デバイスグループの追加］をクリックする。

●テナントによっては「device groupを追加」と英語で表示されることもある。

⑥［デバイスグループの追加］画面の［全般］タブで、［デバイスグループ名］に任意の名前を入力し、［自動レベル］から［すべてのフォルダーを半承認］を選択して［次へ］をクリックする。

⑦[デバイス] タブで、[条件] が [OS] の [値] から [Windows 11] を選択し、[次へ] をクリックする。

ここで選択した条件に合致するデバイスが半承認による修復を行うことになります。本手順では Windows 11 がインストールされたデバイスを半承認の対象として指定しています。

⑧[デバイスのプレビュー] タブで [プレビューの表示] をクリックし、意図したとおりのデバイス一覧が表示されることを確認して [次へ] をクリックする。

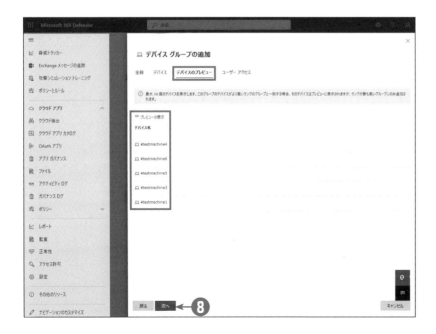

⑨［ユーザーアクセス］タブで、［MDEAdmins］グループを選択し、［選択したグルーノを追加します。］をクリックして、［完了］をクリックする。

⑩［エンドポイント］画面で、デバイスグループが作成され、Windows 11 がインストールされたデバイスでは半承認による修復処理が行われるように構成されたことを確認する。

アクションセンターを利用した承認待ち修復タスクの確認と実行

　修復処理に関わる内容を確認するために用意されたアクションセンターのメニューには［保留中］と［履歴］の2つのタブがあり、半承認するように設定された修復タスクは［保留中］に格納され、承認待ちの状態になります。ここではアクションセンターの［保留中］を参照して承認待ちの修復タスクを確認する方法について説明します。

①Webブラウザーから、Microsoft 365 Defender管理センター（https://security.microsoft.com/）のURLにアクセスする。
②Microsoft 365 Defender管理センター画面で、左側のメニューから［アクションと報告］－［アクションセンター］をクリックする。
③［アクションセンター］画面の［保留中］タブで、承認待ちの修復内容が確認できる。

④アクションをクリックすると、詳細情報としてその修復内容がどのアラートに対応したものであるかが確認できる。また、この画面で［承認］をクリックすると修復内容の実行を開始できる。

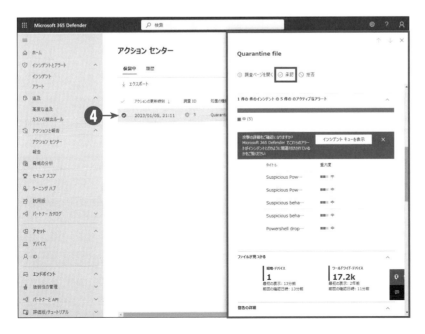

コラム **検索ボックス**

　MDEでは［インシデント］画面の検索ボックスやデバイスの［タイムライン］画面の検索ボックス、そして第7章で解説する［高度な追及］画面での本格的な検索など、さまざまな検索機能が用意されています。中でも最も汎用的な目的で利用できるのが、Microsoft 365 Defender管理センター画面の検索ボックスです。この検索ボックスはMicrosoft 365 Defender管理センターで扱うコンテンツ全体を対象に、次の検索ジャンルに対する横断的な検索を行うことができます。

・デバイス
・ユーザー
・IPアドレス
・URL
・接続されているアプリ
・ファイル
・脆弱性
・ソフトウェア
・推奨事項

　Microsoft 365 Defender管理センター画面の検索ボックスは画面最上部の中央に位置し、Microsoft 365 Defender管理センター内のどの画面にいるときも利用できます。利用するときは検索ボックスにキーワードを直接入力し、Enterキーを押すだけで検索を開始できます。

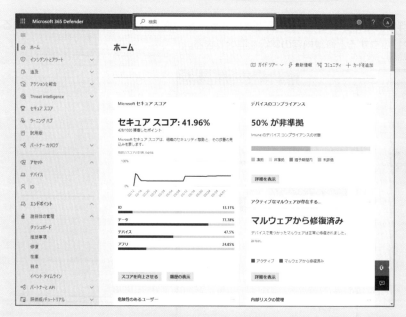

　第5章の3でインシデントによってレジストリに「Troj」というプログラム（らしきもの）がWindowsの起動時に実行されるようにセットされたと解説しました。「Troj」というプログラム（らしきもの）がプログラムなのか、ファイルなのか、ファイルであればどのような特徴があるのか、について検索するため、検索ボックスに**Troj**と入力して Enter キーを押します。

　検索結果は検索ジャンルごとに行われ、ジャンルごとの検索結果が表示されます。上の画面ではファイルの検索結果としてTrojが表示されているため、Trojがファイルであることがわかります。検索結果をクリックすると、下の画面に遷移します。

前ページの画面で [troj] をクリックすると、第5章の4で解説したようなファイルの詳細画面 (ファイルページ) にアクセスできます。詳細画面では [Is PE] 項目に「True」と表示されていることから、Trojがプログラムファイルであることも確認できます。

以上のように、検索対象となるコンテンツがファイルなのか、デバイスなのか、などがわからない状況で検索を行うときに、画面最上部にある検索ボックスの利用は役立ちます。

高度な追及
（Advanced hunting）

この章ではオンボーディングされたデバイスから収集したアクティビティデータから特定のデータだけを取り出して参照するクエリ機能について解説します。

1 Kusto Query Language の基礎

MDE P2

　これまでにインシデントの調査を行う際、Microsoft 365 Defender管理センターの［インシデントとアラート］メニューを利用する方法のほか、タイムラインを利用する方法について解説しました。タイムラインの利用は、オンボーディングされたデバイスで発生したアクティビティすべての内容からインシデントにつながるアクティビティを見つけていく方法で、インシデントやアラートとして直接出力されなかった内容を追跡するために有効な機能でした。しかし一方で、膨大なアクティビティの中から必要な情報を探し出さなければならないため、必ずしも使い勝手の良いものではありませんでした。そこで、MDEではクエリ文を記述して必要な情報を検索する仕組みを用意しています。このクエリ機能を「高度な追及」（テナントによっては「Advanced hunting」と表示される場合もあります）と呼びます。

高度な追及

　高度な追及はMDEだけでなく、Microsoft 365 Defenderのサービス全体で利用可能なクエリ機能で次のような情報に対する検索を実行することができます。

- アラートとして出力された内容
- Microsoft Defender for Endpointで収集したアクティビティ
- Microsoft Defender脆弱性の管理に出力された情報
- Microsoft Defender for Office 365（Exchange Online）で送受信されたメールアイテム
- Azure ADユーザー情報
- Microsoft Defender for Identityで収集したオンプレミスActive Directoryのユーザー/デバイス情報
- Microsoft Defender for Identityで収集したオンプレミスActive Directoryのサインインアクティビティ
- Azure ADのサインインアクティビティ
- Microsoft Defender for Cloud Appsで収集したアクティビティログ

　高度な追及はMicrosoft 365 Defender管理センターの［追及］-［高度な追及］から利用できます。［高度な追及］（Advanced hunting）は次のような画面構成で、右上に配置された領域にクエリ文を記述して実行し、右下に配置された領域に実行結果が表示されます。

MDEではオンボーディングされたデバイスから収集したアクティビティは最大6か月間保存されますが、[高度な追跡] 画面からアクティビティを検索する場合、30日前までのアクティビティだけが検索対象になる点に注意してください。

クエリ文の書き方

　高度な追及ではKusto Query Language（KQL）というクエリ言語を採用しています。そのためクエリを記述するにはKQLの書き方を最初に理解する必要があります。ここではKQLの書き方について順番に見ていきます。

テーブル

　クエリの1行目ではテーブルを指定します。テーブルとはクエリで検索を行うときの検索範囲となるジャンルを表します。例えば、MDEで収集したアクティビティの中からデバイスで実行したプロセスの履歴を追跡するのであればDeviceProcessEventsテーブル、デバイスが行ったネットワーク通信を追跡するのであればDeviceNetworkEventsテーブルをそれぞれ指定します。MDEに関連するテーブルとして次のものがあります。

テーブル名	説明
DeviceInfo	オンボーディングされたデバイスの情報
DeviceNetworkInfo	オンボーディングされたネットワーク構成に関わる情報
DeviceProcessEvents	オンボーディングされたデバイスで実行したプロセスに関わる情報
DeviceNetworkEvents	オンボーディングされたデバイスで行ったネットワーク通信に関わる情報
DeviceFileEvents	オンボーディングされたデバイスでアクセスしたファイルに関わる情報
DeviceRegistryEvents	オンボーディングされたデバイスで作成・変更したレジストリエントリに関わる情報
DeviceLogonEvents	オンボーディングされたデバイスで行ったサインインイベントに関わる情報
DeviceImageLoadEvents	オンボーディングされたデバイスでロードしたDLLファイルに関わる情報
DeviceEvents	オンボーディングされたデバイスでMicrosoft Defenderウイルス対策などのセキュリティ制御機能によってトリガーされたイベントに関わる情報
DeviceFileCertificateInfo	オンボーディングされたデバイスに含まれるファイル署名証明書に関わる情報

テーブル名の一覧は［高度な追跡］画面でクエリを実行して確認することもできます。［高度な追跡］画面でテーブル名だけをクエリ文として記述し、［クエリを実行］ボタンをクリックすると、クエリの実行結果で列名が確認できます。なお、下の画面では画面左側を折り畳み表示にしています。

```
DeviceProcessEvents
```

実行結果から表示する列をカスタマイズ

テーブルを指定してクエリを実行すると、実行結果にはテーブルで定められた列に沿って結果が表示されます。もしこの結果から参照したい列を絞り込む場合、2行目以降ではじめに**project**と記述すると表示する列を指定することができます。なお、テーブルに続けて2行目以降にさまざまな要素を指定するときは、行の先頭にパイプ記号（|）を記述する必要があります。例えば、DeviceProcessEventsテーブルの中からプロセスを実行した日時（Timestamp）、実行したデバイス名（DeviceName）、実行したプロセスの情報（FileName）だけを表示したい場合、次のように指定します。

```
DeviceProcessEvents
| project Timestamp, DeviceName, FileName
```

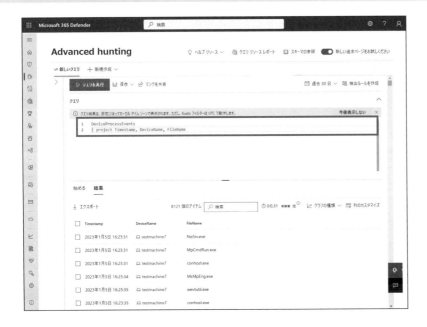

特定の条件に合致する結果のみ表示

　テーブルを指定してクエリを実行した結果から特定の条件に合致する結果のみを表示させたいケースがあります。例えばプロセス一覧を表示するDeviceProcessEventsテーブルからWindows PowerShellを実行した履歴だけを表示させたいなどという場合があるでしょう。このような場合、2行目以降ではじめに**where**と記述すると条件を指定することができます。例えば、DeviceProcessEventsテーブルからWindows PowerShellを実行した履歴だけを表示させるのであれば次のように指定します。

```
DeviceProcessEvents
| where FileName =~ "powershell.exe"
```

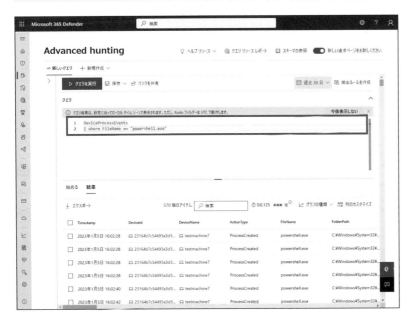

　なお、**=~** の部分は演算子を指定しており、**=~** は大文字・小文字を問わない等号（イコール）を表します。そのほかに利用可能な主な演算子には次のようなものがあります。

演算子	説明
==	大文字・小文字を含めて同じ文字列である場合
=~	大文字・小文字を問わず同じ文字列である場合
!=	同じ文字列ではない場合
contains	特定の文字列が含まれる場合
!contains	特定の文字列が含まれない場合
startswith	特定の文字列で始まる場合
endswith	特定の文字列で終わる場合
in	いずれかの文字列と（大文字・小文字含めて）同じ場合
in~	いずれかの文字列と（大文字・小文字問わず）同じ場合

　in 演算子は複数の文字列の中からいずれかの文字列に当てはまるものを指定するときに利用します。そのため、**in** 演算子を含めたクエリは次のように記述します。

```
DeviceProcessEvents
| where FileName in ("powershell.exe","cmd.exe")
```

　また2行目以降の条件指定は複数の行にわたって複数指定することが可能です。例えば、DeviceProcessEventsテーブルからWindows PowerShellを実行した履歴だけを取り出し、プロセスを実行した日時、実行したデバイス名、実行したプロセスの情報だけを表示したい場合、次のように記述します。

```
DeviceProcessEvents
| where FileName =~ "powershell.exe"
| project Timestamp, DeviceName, FileName
```

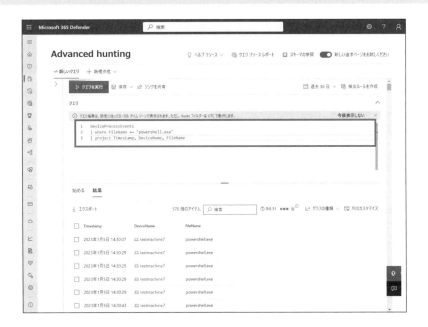

特定の時間帯に発生したアクティビティのみ表示

　テーブルを指定してクエリを実行した結果から特定の日時に発生したアクティビティだけを結果として表示させたいケースがあります。GUIから設定変更する場合、画面右上にある［過去○日］ボタンをクリックして変更します。

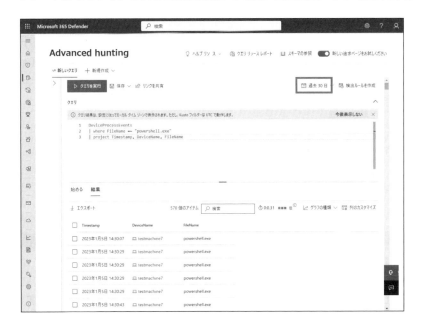

　一方、クエリの中で特定の日時を指定する場合、2行目以降に**where Timestamp > ago(**日数**)** と記述して「○日前」のような指定ができます。例えば、先ほどのクエリに7日前までのアクティビティだけを表示させる条件を追加するには次のように指定します。

```
DeviceProcessEvents
| where FileName =~ "powershell.exe"
| project Timestamp, DeviceName, FileName
| where Timestamp > ago(7d)
```

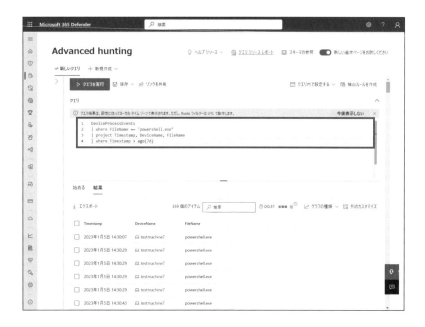

　同様に、1日前までのアクティビティを参照するのであれば**| where Timestamp > ago(1d)**、1時間前までのアクティビティを参照するのであれば**| where Timestamp > ago(1h)**と記述します。そのほか、特定の時間を基準にするのであれば**datetime(YYYY-MM-DD HH:MM:ss)**のように記述します。次の例は、2023年1月5日の午前0:00以降12:00未満に発生したアクティビティを参照しています。

```
| where Timestamp >= datetime(2023-01-05 00:00:00)
| where Timestamp < datetime(2023-01-05 12:00:00)
```

　なお**datetime**の中で指定する時間はUTC（協定世界時）になるので、日本時間からは9時間マイナスした日時を設定するようにしてください。

実行結果の並べ替え

　テーブルを指定してクエリを実行した際、その実行結果を特定の列を基準に並べ替えをする場合、2行目以降ではじめに**order by**と記述すると条件を指定することができます。例えば、DeviceProcessEventsテーブルの実行結果からプロセス名を基準に昇順に並べ替える場合は次のように記述します。昇順は**asc**、降順は**desc**と指定します。

```
DeviceProcessEvents
| order by FileName asc
```

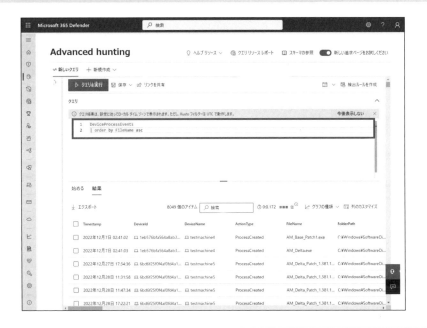

実行結果から指定した行数だけ表示

　テーブルを指定してクエリを実行すると大量の結果が返される場合があります。結果が大量になると、結果が表示されるまでに時間を要します。そのため特定の行数だけ表示されるように制限を加えて実行結果を素早く表示させることができます。指定した行数を指定するときは2行目以降ではじめに**limit**と記述すると条件を指定することができます。例えばDeviceProcessEventsテーブルの実行結果から直近の3行だけを表示させる場合は次のように指定します。

```
DeviceProcessEvents
| limit 3
```

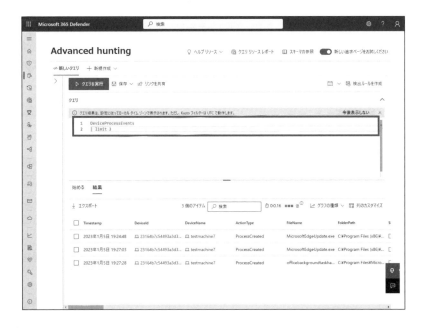

集計処理

　テーブルを指定してクエリを実行した結果から集計処理を行うときは、2行目以降ではじめに**summarize**と記述し、続けてどのような集計処理を行うかを指定します。例えば足し算を行う場合は**summarize count() by**と記述します。次の例は、DeviceProcessEventsテーブルの実行結果から実行したプロセス（FileName）の回数を集計して表示します。

```
DeviceProcessEvents
| summarize count() by FileName
```

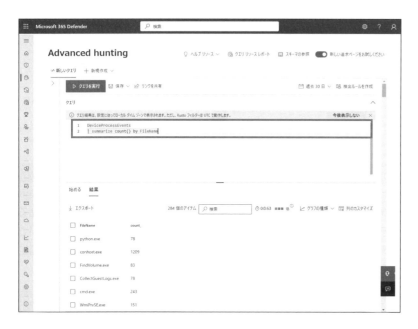

複数のテーブルから実行結果を表示

　これまで紹介したクエリでは単一のテーブルを指定していましたが、複数のテーブルに格納されている情報を取得する場合、1行目のはじめに**union**と記述し、カンマ（,）区切りで複数のテーブルを指定します。例えばDeviceProcessEventsテーブルとDeviceNetworkEventsテーブルの実行結果をまとめて表示するのであれば次のように指定します。

```
union DeviceProcessEvents, DeviceNetworkEvents
```

クエリビルダーによるクエリの実行

　ここまで解説したように高度な追及はKQLのクエリ言語を理解していることが前提条件でした。一方、［高度な追及］のクエリビルダーを利用すると、クエリ言語の文法を知らなくてもGUIから条件を設定してクエリを実行することができます。

　ここでは［高度な追及］メニューからクエリビルダーを利用してWinATP-Intro-Backdoor.exeを実行した履歴を検索します。

①Web ブラウザーから、Microsoft 365 Defender 管理センター（https://security.microsoft.com/）のURLにアクセスする。

②サインイン画面で、グローバル管理者などのロールが割り当てられた Azure AD アカウントのIDとパスワードを入力し、サインインする。

③Microsoft 365 Defender 管理センター画面で、左側のメニューから［追及］－［高度な追及］をクリックする。

④［Advanced hunting］画面で、［新規作成］－［ビルダーでクエリを実行する］をクリックする。

⑤［Advanced hunting］画面で、左側のドロップダウンリストボックスをクリックして［エンドポイント］のみにチェックを入れ、他のチェックをはずす。

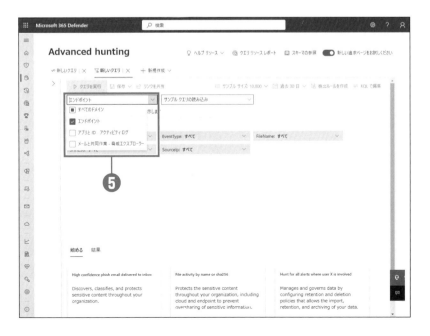

⑥［Advanced hunting］画面で、［EventType:］欄をクリックして［DeviceProcessEvents］配下の［Process Created］にチェックを入れる。

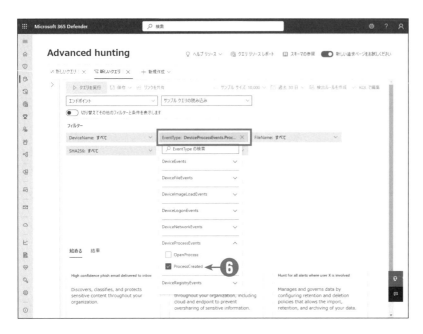

⑦［Advanced hunting］画面で［FileName:］欄をクリックし、テキストボックスに**WinATP-Intro-Backdoor. exe**と入力して Enter キーを押す。

⑧［Advanced hunting］画面で、［クエリを実行］をクリックして実行結果が表示されることを確認する。

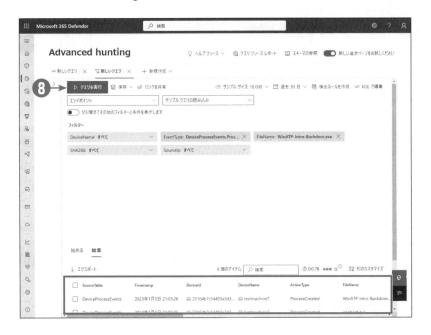

クエリビルダーを利用したクエリ作成画面では［すべてのフィルター］をオンにすることで異なるビューでクエリを作成することができます。［すべてのフィルター］をオンにすると、オンにしていない場合に比べて、より多くの選択項目からクエリを作成することができます。

2 高度な追及による アクティビティの検索 MDE P2

前の節では［高度な追及］メニューを利用してクエリを実行する方法、特にクエリ言語の書き方について解説しました。この節ではクエリ言語の書き方を踏まえて具体的に特定のアクティビティを検索します。

悪性ファイルのゆくえを追跡

第6章の1でアクションセンターを参照したときに、WinATP-Intro-Backdoor.exeファイルの検疫を行う修復アクションの詳細でファイルがなかったから処理が完了したと判定をしている事象がありました。ではどうやってWinATP-Intro-Backdoor.exeファイルがなくなったのでしょうか。

ファイルを作成した、削除した、などのデバイス上でのアクションはDeviceFileEventsテーブルを使って追跡します。ここでは次のようなクエリを実行してWinATP-Intro-Backdoor.exeファイルの作成・削除を追跡します。**project**に続けてTimestamp（日付時刻）、ActionType（ファイルへの操作種類）、FileName（ファイル名）、FolderPath（ファイルのフルパス）をそれぞれ指定して結果画面に表示されるようにしています。

```
DeviceFileEvents
| where FileName contains " WinATP-Intro-Backdoor.exe"
| project Timestamp, ActionType, FileName, FolderPath
```

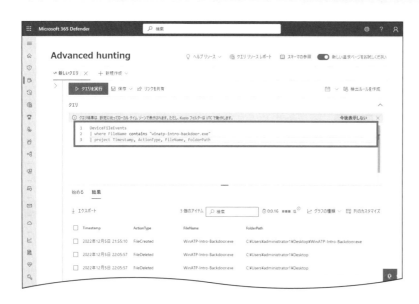

実行結果を参照すると、2022年12月5日21:55:10にWinATP-Intro-Backdoor.exeファイルが作成され、2022年12月5日22:05:57に削除されたことがわかります。

続いて**project**で表示する内容を変えてInitiatingProcessFileName列を追加します。

```
DeviceFileEvents
| where FileName contains "WinATP-Intro-Backdoor.exe"
| project ActionType, FileName, InitiatingProcessFileName
```

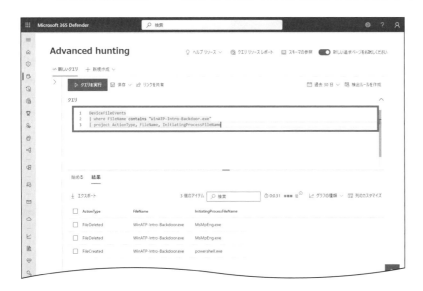

　すると実行結果からWinATP-Intro-Backdoor.exeファイルはMsMpEng.exeプログラムによって削除されたことがわかります。MsMpEng.exeプログラムはMicrosoft Defenderウイルス対策のプログラムファイルであるため、Microsoft Defenderウイルス対策によって削除された、またはMDEからの修復処理によって削除された、と考えることができます。このようにDeviceFileEventsテーブルのInitiatingProcessFileName列は該当のファイルがどのようなプログラムによって扱われたのかを確認できるメリットがあります。

特定プロセスの親プロセスを追跡

　第5章で解説したアラートを参照すると［アラートのストーリー］から攻撃を目的としたプロセスがどのようなステップで実行されたかを追跡できます。WinATP-Intro-Backdoor.exeファイルの場合であれば、第5章でも解説したように次のようなステップで作成されました。

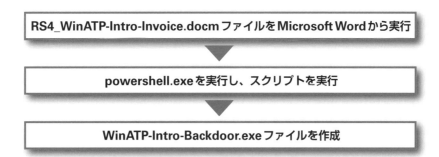

　このステップはアラートが出力されれば簡単に把握できますが、もしアラートが出力されなければ自力で追跡しなければなりません。そのときに有効なのがDeviceProcessEventsテーブルのInitiatingProcessFileName列です。InitiatingProcessFileName列はそのプロセスを実行した親プロセスを表し、例えばMicrosoft Word（WINWORD.EXE）から実行された子プロセスを検索する場合なら次のようにクエリを記述して実行します。

```
DeviceProcessEvents
| where InitiatingProcessFileName contains "WINWORD.EXE"
| project Timestamp, DeviceName, FileName
```

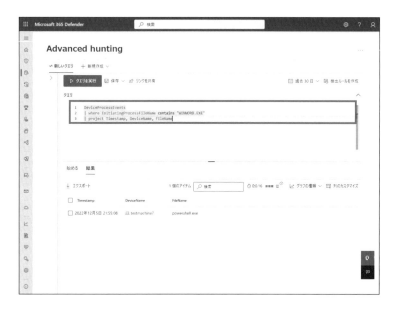

すると実行結果から、WINWORD.EXEから実行されたプロセスにはpowershell.exeしかないことがわかります。逆に子プロセスであるpowershell.exeから親プロセスを検索するときは次のようにクエリを記述して実行します（実行結果が大量に表示されるため**summarize count() by**を利用して集計処理をしています）。

```
DeviceProcessEvents
| where FileName contains "powershell.exe"
| summarize count() by InitiatingProcessFileName
```

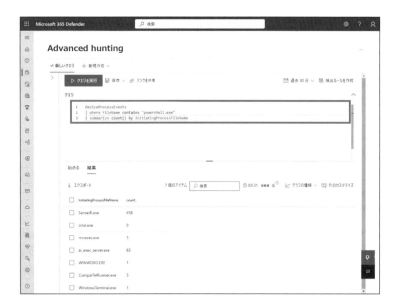

すると実行結果から、powershell.exeを実行した親プロセスにはさまざまなものがあることがわかりますが、その中にWINWORD.EXEがあります。powershell.exeやcmd.exeは攻撃に悪用されることの多いプロセスですが、これらのプロセスがどのようなプロセスから呼び出されて実行しているかを追跡すれば、正常な処理を行うために実行しているのか、それとも攻撃を意図して実行しているのかを把握することができます。

特定の通信を追跡

第5章で解説したインシデントではRS4_WinATP-Intro-Invoice.docmファイルをMicrosoft Wordから実行したことがきっかけで攻撃が開始されたことが確認できました。このとき、一連の攻撃によって外部との通信があったかどうかについて確認する場合、DeviceNetworkEventsテーブルを利用して特定のプロセスから通信が発生したかを追跡します。例えばMicrosoft Word（winword.exe）から行われた通信を検索する場合であれば次のようにクエリを記述して実行します。

```
DeviceNetworkEvents
| where InitiatingProcessFileName contains "winword.exe"
| project Timestamp, DeviceName, RemoteIP, RemoteUrl, InitiatingProcessFileName,
InitiatingProcessId
```

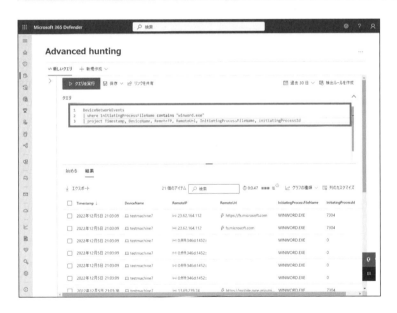

クエリでは実行結果として発生日時（Timestamp）とデバイス名（DeviceName）のほか、通信相手となる宛先IPアドレス（RemoteIP）とURL（RemoteUrl）、通信を発生させたプロセス名（InitiatingProcessFileName）とプロセスID（InitiatingProcessId）を表示させるようにしました。結果を参照すると複数のIPアドレスとURLが確認できますが、参照するとすべてマイクロソフトのデータセンターのIPアドレス（URL）であることが確認できました。また、第5章でアクセスしたインシデント画面の［証拠］タブから参照したWINWORD.EXEのプロセスIDは4548でしたが、ここで表示されているWINWORD.EXEのプロセスIDは7304であるため、これらの通信はRS4_WinATP-Intro-Invoice.docmファイルを実行したMicrosoft Wordによって発生したものではないことがわかります。

参考までに、第5章でアクセスしたインシデント画面の［証拠］タブから参照したプロセス一覧では、下図のようなプロセス名と
プロセスIDが表示されていました。

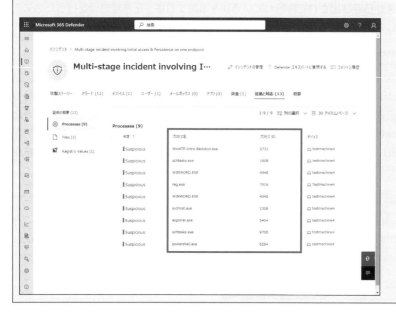

　このインシデントではMicrosoft Wordからpowershell.exeを呼び出してスクリプトを実行しました。ではその
スクリプトが通信を行うような命令が含まれていたか確認します。前のクエリと同様にDeviceNetworkEvents
テーブルを利用して、プロセス名はpowershell.exeであること、プロセスIDは6284であることを条件に設定し、
次のようにクエリを実行します。

```
DeviceNetworkEvents
| where InitiatingProcessFileName contains "powershell.exe"
| where InitiatingProcessId == 6284
| project Timestamp, DeviceName, RemoteIP, RemoteUrl, InitiatingProcessFileName,
InitiatingProcessId
```

　クエリの実行結果には何も表示されていません。このことからpowershell.exeからスクリプトを実行することによって発生した通信は何もなかったことがわかります。

> powershell.exeやcmd.exeのような汎用的な目的で利用するプロセスはプロセス名だけでクエリを実行すると大量に結果が返ってきます。そのため、プロセス名だけでなく、プロセスIDなど他の条件も付け加えて実行するとよいでしょう。

　最後にPowerShellスクリプトを実行することによって生成されたWinATP-Intro-Backdoor.exeが実行することによって発生した通信がなかったか確認します。ここでも前のクエリと同様にDeviceNetworkEventsテーブルを利用して、プロセス名はWinATP-Intro-Backdoor.exeであることを条件に設定し、次のようにクエリを実行します。

```
DeviceNetworkEvents
| where InitiatingProcessFileName contains "WinATP-Intro-Backdoor.exe"
| project Timestamp, DeviceName, RemoteIP, RemoteUrl, InitiatingProcessFileName,
InitiatingProcessId
```

　クエリの実行結果には何も表示されていません。このことからWinATP-Intro-Backdoor.exeを実行することによって発生した通信は何もなかったことがわかります。

ファイルのハッシュ値をもとに特定の通信を追跡

　前のクエリではWinATP-Intro-Backdoor.exeという名前のファイルが行った通信を検索しました。しかし、現実の攻撃ではWinATP-Intro-Backdoor.exeファイルの自身のコピーを作成し、異なる名前で通信を開始するケースがあります。もし異なるファイル名で通信が行われていたとすると、クエリでファイル名を指定して追跡しても現実に起きている攻撃を見落とすことになります。自身のコピーを作成した場合、WinATP-Intro-Backdoor.exeファイルとはファイル名こそ異なってもバイナリは同じなので、ファイルのハッシュ値は同じになります。そこで、通信の有無を追跡するのにファイル名ではなく、ファイルに設定されたハッシュ値でクエリを実行して、異なるファイル名で通信を行った形跡があるか確認します。

　最初にWinATP-Intro-Backdoor.exeファイルのハッシュ値を調査します。ファイルの情報はDeviceFileEventsテーブルを利用してSHA256列に記載されているハッシュ値を調べていきます。

```
DeviceFileEvents
| where FileName contains "WinATP-Intro-Backdoor.exe"
| project FileName, SHA256
```

　実行結果として、929cf5c2a2ce25d82699fc1bfe578bbe8abedce0e477a40980016ee32c2c7cbeという値が WinATP-Intro-Backdoor.exeファイルのハッシュ値であることがわかりました。続いてDeviceNetworkEvents テーブルを利用してWinATP-Intro-Backdoor.exeファイルまたは同等のファイルから通信が発生したかを追跡し ます。DeviceNetworkEventsテーブルを利用して、さらにInitiatingProcessSHA256列でプロセスのハッシュ値 を条件に設定し、次のようにクエリを実行します。すると通信は発生していないことがわかります。

```
DeviceNetworkEvents
| where InitiatingProcessSHA256 contains "929cf5c2a2ce25d82699fc1bfe578bbe8abedce0e477
a40980016ee32c2c7cbe"
| project Timestamp, DeviceName, RemoteIP, RemoteUrl, InitiatingProcessFileName,
InitiatingProcessId
```

エンドポイントに対する手動での対応

第 **8** 章

この章ではインシデント調査の結果に基づく対応を手動で行うために利用可能なサービスについて解説します。

1 エンドポイントのネットワーク 遮断／アプリ実行遮断

ここまで、MDEでは一般的なインシデント対応プロセスに沿って必要な機能が用意されていることを解説してきました。その中で［インシデントとアラート］メニューを利用してインシデントを検知し、その内容に基づいてインシデント対応の必要性や優先度などを決定する「トリアージ」というプロセスがあることを解説しました。

インシデント対応 プロセス	検知・連絡受付	▶ トリアージ	▶ インシデント対応	▶ 報告・事後対応
EDRが提供する機能	アラートによる通知	インシデントの原因 影響範囲の特定	封じ込め 復旧	レポート作成に 必要な情報の提供

トリアージの段階でインシデント対応の必要性を判断したり、その後の調査を進めるうえで、Microsoft 365 Defender管理センター画面にある［インシデントとアラート］メニューだけでなく、個々のデバイスに対する情報も必要になるでしょう。この節では特定のデバイスに対する情報を参照する方法や、インシデント対応が必要と判断したあとに行う封じ込めの操作で有効な機能について解説します。

［デバイスのインベントリ］画面

オンボーディングされたデバイスはMicrosoft 365 Defender管理センターの［アセット］－［デバイス］をクリックして表示される［デバイスのインベントリ］画面からその一覧を確認できます。

［デバイスのインベントリ］画面で特定のデバイスを選択すると、そのデバイスの詳細情報を参照することができます。

　ここからは、前半部分でデバイスの情報に関するタブをクリックして参照できる情報について、後半部分でデバイスに対するアクションについて解説します。

[概要] タブ

　デバイスに割り当てられたアラートや脆弱性などの概要をダッシュボード形式で参照することができます。Microsoft 365 Defender管理センターの [インシデントとアラート] メニューとは異なり、デバイス単位で参照できる特徴があります。

ユーザーページ

[概要] タブにはそのデバイスを利用しているユーザーの情報が表示されます。ユーザーの情報からユーザーページにアクセスすると、ユーザー単位でこれまでに行った操作の履歴等を参照できます。ユーザーページへのアクセス方法は次のとおりです。

①Webブラウザーから、Microsoft 365 Defender管理センター（https://security.microsoft.com/）のURLにアクセスする。

②サインイン画面で、グローバル管理者などのロールが割り当てられたAzure ADアカウントのIDとパスワードを入力し、サインインする。

③Microsoft 365 Defender管理センター画面で、左側のメニューから［アセット］−［デバイス］をクリックし、［デバイスのインベントリ］画面で特定のデバイスをクリックする。

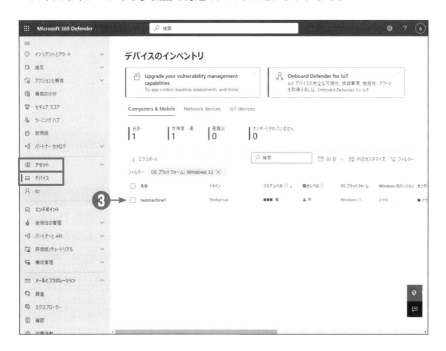

④デバイスの詳細画面の［概要］タブで、［ログオンしているユーザー］欄から［ほとんどのログオン］に表示されているユーザー名をクリックする。

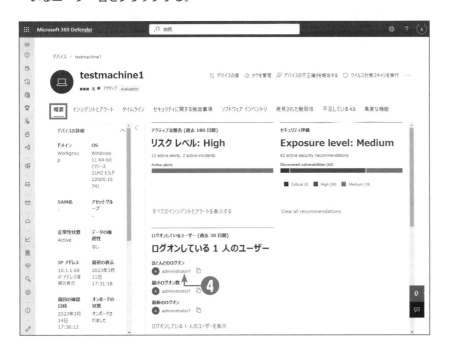

⑤ユーザーページ画面の［概要］タブで、ユーザーの概要を参照する。するとユーザーが関わるインシデントが参照できる。もし特定のデバイスでインシデントが発生した場合、デバイスを利用するユーザーの単位でインシデントを参照することで、ユーザー単位での不正アクセスの影響範囲を知ることができる。

⑥ユーザーページ画面で、［タイムライン］タブをクリックする。［タイムライン］タブではユーザーによるサインインの履歴やユーザーが引き起こしたインシデントの一覧などを時系列で参照できる。つまり、（デバイスではなく）ユーザーの行動を一覧で追跡することができる。

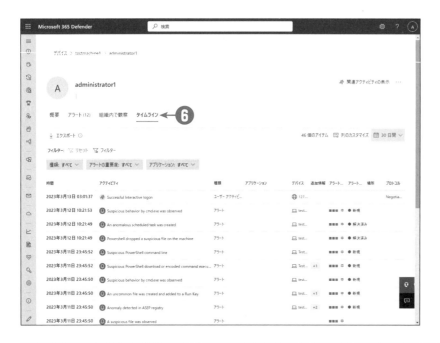

［インシデントとアラート］タブ

　デバイスの詳細画面の［インシデントとアラート］タブでは選択したデバイスで発生したインシデントの一覧を参照できます。また、インシデントの左側にある［＞］ボタンをクリックするとインシデント内のアラートを参照できます。

［タイムライン］タブ

特定デバイスにおける、すべてのアクティビティを時系列に並べたものを参照できます。詳しくは第5章の6を参照してください。

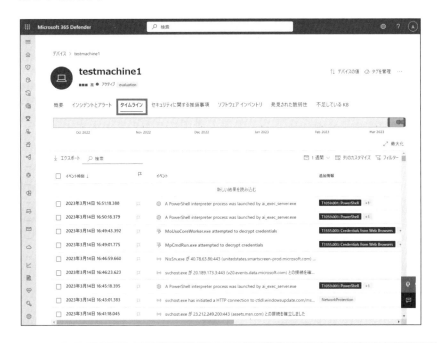

［セキュリティに関する推奨事項］タブ

Microsoft 365 Defender管理センター画面の［エンドポイント］−［脆弱性の管理］−［推奨事項］に表示される推奨事項のうち、特定デバイスにおける推奨事項だけを切り出して参照できます。

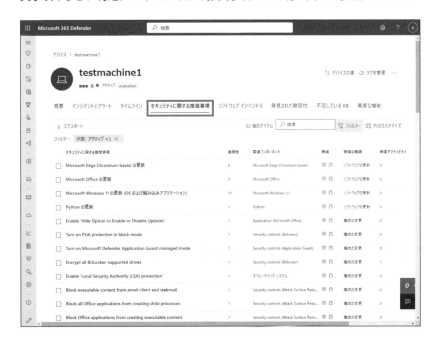

［ソフトウェアインベントリ］タブ

Microsoft 365 Defender管理センター画面の［エンドポイント］－［脆弱性の管理］－［在庫］に表示されるインストールされたアプリケーションのうち、特定デバイスにインストールされたアプリケーションだけを切り出して参照できます。

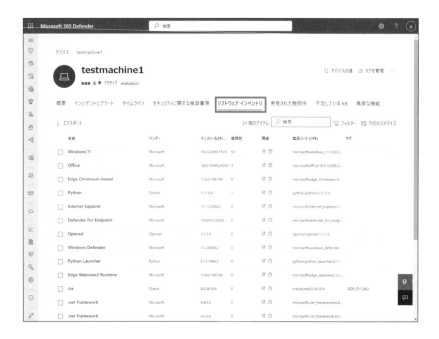

［発見された脆弱性］タブ

Microsoft 365 Defender管理センター画面の［エンドポイント］－［脆弱性の管理］－［弱点］に表示されるCVEベースの脆弱性のうち、特定デバイスに発見された脆弱性の一覧を参照できます。

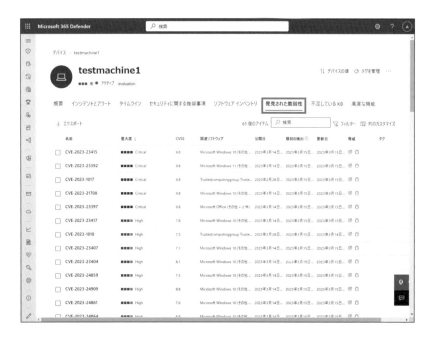

[不足しているKB] タブ

特定デバイスで未適用のセキュリティ更新プログラム（KB）の一覧を参照できます。

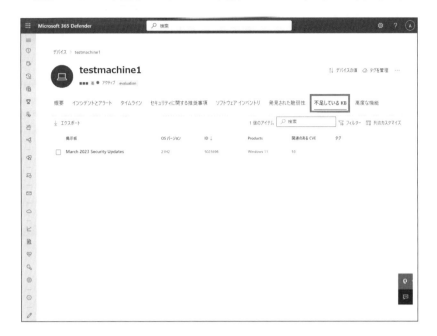

そのほかのタブ

これまでに紹介したタブのほかに、Microsoft Defender脆弱性管理アドオンライセンスを保有している場合、次のタブが追加されます。

タブ	説明
ブラウザー拡張機能	Microsoft 365 Defender管理センター画面の [エンドポイント]－[脆弱性の管理]－[在庫]－[ブラウザー拡張機能]に表示されるブラウザー拡張のうち、特定デバイスに実装されたブラウザー拡張機能の一覧を参照できます。
セキュリティベースライン	Microsoft 365 Defender管理センター画面の [エンドポイント]－[脆弱性の管理]－[ベースラインの評価] で作成したプロファイル（CISやSTIGベンチマークを利用した評価基準）による評価を行ったときに非準拠と判定された項目の一覧を参照できます。
証明書	Microsoft 365 Defender管理センター画面の [エンドポイント]－[脆弱性の管理]－[在庫]－[証明書] に表示される、デバイスに実装された証明書一覧のうち、特定デバイスに実装された証明書の一覧を参照できます。

デバイスに対する操作

オンボーディングされたデバイスに対する操作は状態を確認するだけでなく、管理者側から特定のアクションを実行することができます。ここではそれぞれのアクション（操作）について確認します。

日常の運用管理で利用する操作	インシデント調査時の操作	インシデント対応・修復時の操作
デバイスの値	調査パッケージの取集	ウイルス対策スキャンの実行
タグの管理		デバイスの分離
除外		アプリ実行の制限

デバイスの値

　第2章で、Microsoft 365 Defender管理センター画面の［脆弱性の管理］－［ダッシュボード］をクリックして参照可能な露出スコアはセキュリティに関する推奨事項としてどのようなものがあるかによって算出されることを解説しました。露出スコアはオンボーディングされたデバイスをすべて平等に扱い、算出していますが、組織ではデバイスによって重要なデバイスとそうでないデバイスがあります。例えば社長のデバイスで脆弱性が発見され、悪用されたら影響が大きいと考えられる場合、他のデバイスで同様の事象が発生した場合に比べて露出スコアは高く設定したいと考える場合があるでしょう。このような場合、重要度の高いデバイスには［デバイスの値］で［High］と設定することで対応できます。

①Microsoft 365 Defender管理センター画面で、左側のメニューから、［アセット］－［デバイス］をクリックし、
　［デバイスのインベントリ］画面で特定のデバイスをクリックする。

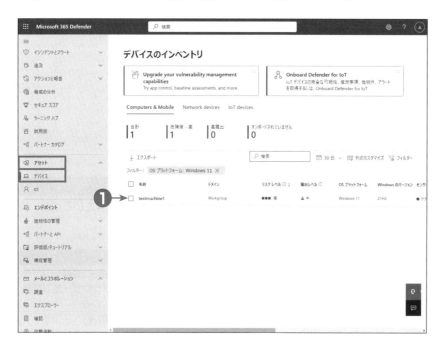

②デバイスの詳細画面で、［デバイスの値］をクリックする。

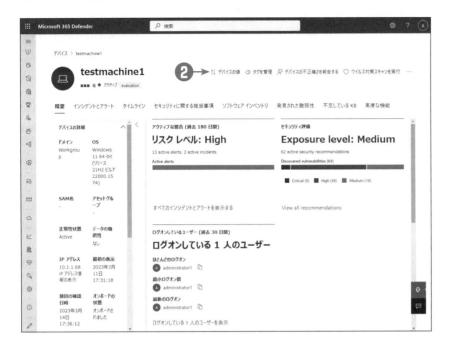

③［デバイスの値］画面で、［デバイスの値］から「High」を選択して［保存］をクリックする。

［デバイスの値］メニューはテナントによって［デバイスの価値］と表示される場合があります。

タグの管理

　MDEでオンボードされたデバイスは［デバイスのインベントリ］画面で、その一覧を参照できます。しかし、すべてのデバイスが表示されると、特定のデバイスを探し出すことが難しくなります。そのため、特定のカテゴリのデバイスだけを表示させたい場合、あらかじめデバイスにタグを設定しておくことで、タグの値をもとにフィルターを設定することができます。ここではタグの設定手順を、例として「東京オフィス」というタグで説明します。

①Microsoft 365 Defender管理センター画面で、左側のメニューから［アセット］－［デバイス］をクリックし、［デバイスのインベントリ］画面で特定のデバイスをクリックする。
②デバイスの詳細画面で［タグを管理］をクリックする。

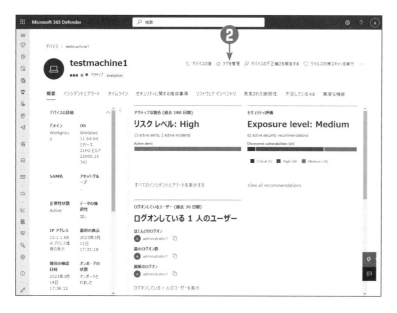

③［コンピュータータグの管理］画面で入力欄に**東京オフィス**と入力し、［東京オフィス（新規作成）］をクリックする。

④タグとして「東京オフィス」と設定されたことを確認し、[保存して閉じる] をクリックする。

> [タグを管理] メニューはテナントによって [タグの管理] と表示される場合があります。

　一方、特定のタグを持つデバイスだけをフィルター表示する場合は次のように設定します。

①Microsoft 365 Defender管理センター画面で、左側のメニューから [アセット]−[デバイス] をクリックする。
②[デバイスのインベントリ] 画面で、[フィルター] をクリックする。

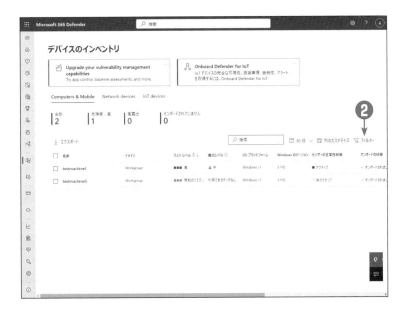

③［フィルター］画面で、［タグ］にタグの名前を入力（ここでは**東京オフィス**と入力）して［適用］をクリックする。

> 一度設定したフィルターを解除する場合は、［フィルター］画面で［フィルターのクリア］をクリックし、［適用］をクリックします。

④［デバイスのインベントリ］画面で、「東京オフィス」のタグが設定されたデバイスだけが表示される。

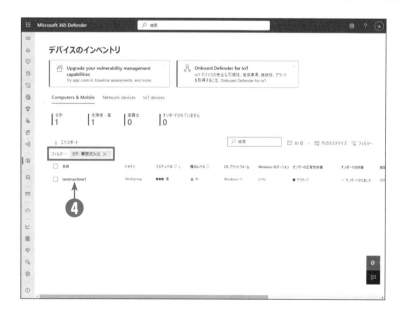

除外

　MDEにオンボーディングされたデバイスを利用しなくなった場合、MDEへの登録を抹消してアクティビティログの送信を取りやめる「オフボーディング」を実行してMDEからデバイスを削除します。ところがオフボーディングを行ったとしても一定期間、デバイスのインベントリから削除されずに残り続けます。この場合、[除外する] を利用して不要なデバイスを非表示にすることができます。

①Microsoft 365 Defender管理センター画面で、左側のメニューから [アセット]−[デバイス] をクリックし、[デバイスのインベントリ] 画面で特定のデバイスをクリックする。
②デバイスの詳細画面で、[…] をクリックして [除外する] をクリックする。

オフボーディングの実行方法
オフボーディングを行う場合、Microsoft 365 Defender管理センター画面で、[設定]−[エンドポイント]−[オフボーディング] にアクセスするとオフボーディング用のスクリプトが用意されています。[パッケージをダウンロード] をクリックしてスクリプトをダウンロードし、オフボーディングするデバイスで実行することでオフボーディングが完了します。

デバイスの分離

インシデント対応プロセスの作業のひとつに「封じ込め」がありますが、封じ込めの代表的な作業にインシデントが発生したデバイスをネットワークから切り離す作業があります。この作業は本来、インシデントが発生したデバイス上で行う作業ですが、該当のデバイスがリモートワークを行っているために管理者が対応できなかったり、該当のデバイス所有者のスキル不足で適切にネットワーク切断ができない場合、切断までに時間を要してしまい、結果的に攻撃が拡大してしまう可能性があります。こうした問題を引き起こさないようにするためにMDEではネットワーク切断の作業自体を遠隔から行うことができるようになっています。

［デバイスを分離］操作によるネットワーク切断はMicrosoft Defenderファイアウォールのルールを変更し、MDEとの通信以外の通信を遮断するように構成することで通信をできない状態にします。

一方、デバイスを分離されたデバイスは［分離からリリースする］をクリックして、元に戻すことができます。

①Microsoft 365 Defender管理センター画面で、左側のメニューから［アセット］－［デバイス］をクリックし、［デバイスのインベントリ］画面で特定のデバイスをクリックする。

②デバイスの詳細画面で、［…］をクリックして［デバイスを分離］を選択する。

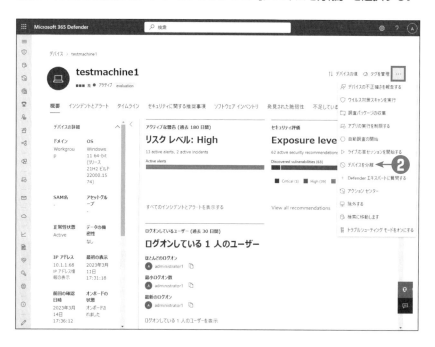

③続いて表示される画面で、［コメント］欄に必要なコメントを入力して［Confirm］をクリックする。

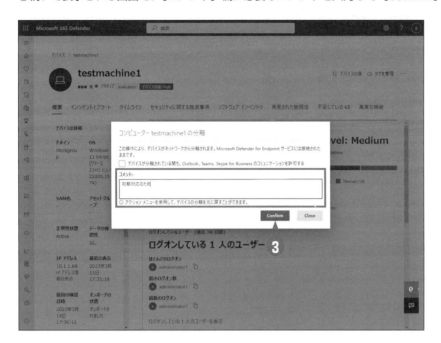

④［アクションセンター］画面が表示され、現状でデバイスが分離されていることや、前の手順で入力したコメントが確認できる。

ここで［アクションセンター］画面を閉じた場合、デバイス画面の［アクションセンター］をクリックすることで、同じ画面を表示させることができます。他のMDE管理者がアクションセンターを参照することで、このデバイスを分離した理由が情報共有できます。

アプリ実行の制限

　業務への影響が大きいなどの理由で封じ込めの作業としてネットワークを遮断することが難しい場合、アプリの実行を制限する方法が用意されています。［アプリの実行を制限する］ではマイクロソフトによってデジタル署名されたアプリ以外のアプリの実行を制限するため、マルウェアのようなアプリの実行を制限できます。一方、アプリの実行を制限されたデバイスは［アプリ制限を削除する］をクリックして、元に戻すことができます。

①Microsoft 365 Defender管理センター画面で、左側のメニューから［アセット］－［デバイス］をクリックし、［デバイスのインベントリ］画面で特定のデバイスをクリックする。

②デバイスの詳細画面で、［…］をクリックして［アプリの実行を制限する］をクリックする。

③続いて表示される画面で、コメントを入力して［Confirm］をクリックする。

ウイルス対策スキャンの実行

　マルウェア感染の可能性を探索したり、既にマルウェア感染しているデバイスにおける修復を行ったりするために
マルウェア対策スキャンを遠隔から実行します。

①Microsoft 365 Defender管理センター画面で、左側のメニューから［アセット］－［デバイス］をクリックし、［デ
　バイスのインベントリ］画面で特定のデバイスをクリックする。

②デバイスの詳細画面で、［…］をクリックして［ウイルス対策スキャンを実行］をクリックする。

③続いて表示される画面で、［クイックスキャン］または［フルスキャン］を選択し、［コメント］欄にウイルス対策
　スキャンを実行する理由を入力して［Confirm］をクリックする。

④[アクションセンター] 画面が表示され、ウイルス対策スキャン命令の送信状況を確認できる。

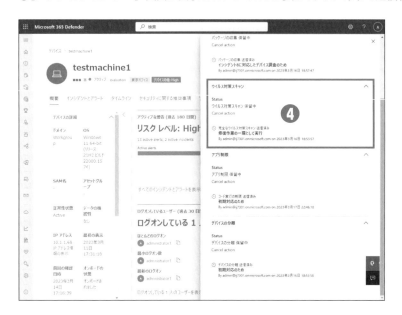

調査パッケージの収集

　調査パッケージとは特定のデバイスの状態情報を収集し、1つのZIPファイルにまとめたファイルで、デバイス単位で調査パッケージを実行して、現時点での状態を収集します。

①Microsoft 365 Defender管理センター画面で、左側のメニューから [アセット]－[デバイス] をクリックし、[デバイスのインベントリ] 画面で特定のデバイスをクリックする。

②デバイスの詳細画面で、[…] をクリックして [調査パッケージの収集] をクリックする。

③続いて表示される画面で、［コメント］欄に調査パッケージを収集する理由を入力して［Confirm］をクリックする。

④［アクションセンター］画面で、調査パッケージの収集が開始されたことを確認する。しばらくすると収集が完了し、［パッケージの収集 利用可能なパッケージ］リンクから調査パッケージをダウンロードできる。

　調査パッケージとして収集されたZIPファイルには主に次のようなフォルダーが作られ、そのフォルダー内にテキストファイルを格納して情報を提供します。これらのファイルを参照することで、デバイスの状態、特に攻撃による影響などを確認できます。

フォルダー名	説明
Autoruns	レジストリ等に登録されたWindows起動時に一緒に起動するプログラムの一覧を表します。既に登録されたマルウェアの存在などを発見するのに役立ちます。
Installed programs	デバイスにインストールされたアプリケーションの一覧を表します。
Network connections	デバイスが現在ネットワーク接続している接続先情報を表します。C&C (C2) サーバーへの接続などネットワーク経由で行われる攻撃者による攻撃の状況を把握するのに役立ちます。
Prefetch files	アプリケーションの起動プロセスを高速化するために用意されたプリフェッチファイルはそのファイルが存在することが過去にそのアプリケーションを実行したことを表す証拠となります。マルウェアが過去に実行されたか、などを追跡するときに役立ちます。
Processes	デバイスで現在実行中のプロセスの一覧を表します。
Scheduled tasks	タスクスケジューラに登録されたタスクの一覧を表示します。マルウェアが永続的に実行できるように登録されたマルウェアなどがないか確認するのに役立ちます。
Security event log	イベントビューアから参照可能なセキュリティイベントログが含まれます。
Services	サービスとその実行状況を表します。
System Information	デバイスのOSバージョンやハードウェア情報等のシステム情報を表します。
Temp Directories	システム内のすべてのユーザーの一時フォルダー内のファイル一覧を表します。攻撃者がシステム上でドロップした疑わしいファイルを追跡するのに役立ちます。
Users and Groups	ユーザーとグループの一覧を表します。不正アクセスにより、不適切なユーザー等が作成されていないか確認するのに役立ちます。
WdSupportLogs	MpCmdRunLog.txtとMPSupportFiles.cabファイルが含まれます。これらのファイルを通じてデバイスで動作しているMicrosoft Defenderウイルス対策の実行状況を確認できます。

第5章ではサンプルのマルウェアであるRS4_WinATP-Intro-Invoice.docmファイルをMicrosoft Wordで実行したところ、PowerShellスクリプトが実行し、WinATP-Intro-Backdoor.exeファイルが生成されたことを解説しました。このファイルを実行した履歴があったのかについて調査パッケージから調査する場合、調査パッケージ内のPrefetch filesフォルダーを利用します。Prefetch filesフォルダーに保存されているPrefetchFilesList.txtファイルを開くと、過去に実行したプログラムの一覧を参照できます。この一覧にWinATP-Intro-Backdoor.exeという名前のファイルがないことから、WinATP-Intro-Backdoor.exeファイルが実行された形跡がないことがわかります。

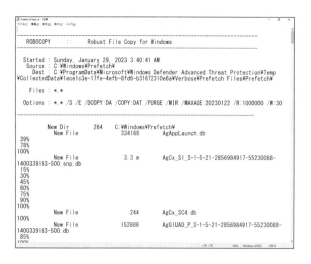

なお、調査パッケージはあくまでも収集した時点での状態を表すものです。現在進行形で攻撃を受けている場合、現時点と1時間後では状態が変化している可能性があります。もしリアルタイムで状態情報を参照する場合には、次の節で解説するライブ応答機能を利用することもひとつの方法です。

2 ライブ応答による手動対応

前の節では［デバイスのインベントリ］画面から特定のデバイスに各種操作ができることを解説しました。その操作のひとつにライブ応答（Live Response）があります。ライブ応答は遠隔からデバイスに対する各種コマンドを実行できる機能で、リアルタイムで手動でのインシデント調査や対応が必要なタイミングで活用します。

ライブ応答で利用可能なコマンド

ライブ応答は開始するとコマンドプロンプトのような画面がWebブラウザーの画面内に表示され、そこからコマンドを入力して遠隔操作を行います。このときに入力可能なコマンドはコマンドプロンプトのコマンドやWindows PowerShellのコマンドレットとは異なり、ライブ応答専用のコマンドだけが利用できます。ライブ応答のコマンドには次のようなものがあります。

ライブ応答のコマンド	
cd	scheduledtasks
cls	services
connect	startupfolders
connections	status
dir	trace
drivers	analyze
fg ＜コマンドID＞	collect
fileinfo	isolate
findfile	release
getfile ＜ファイルのパス＞	run
help	library
jobs	putfile
persistence	remediate
processes ＜プロセスID＞	scan
registry	undo

各コマンドの説明については、マイクロソフトの次のドキュメントを参照してください。

「ライブ応答を使用してデバイス上のエンティティを調査する」
https://learn.microsoft.com/ja-jp/microsoft-365/security/defender-endpoint/live-response?view=o365-worldwide

ライブ応答の事前準備

テナントで初めてライブ応答を利用する場合、ライブ応答自体を有効化する必要があります。

①Webブラウザーから、Microsoft 365 Defender管理センター（https://security.microsoft.com/）のURLにアクセスする。

②サインイン画面で、グローバル管理者などのロールが割り当てられたAzure ADアカウントのIDとパスワードを入力し、サインインする。

③Microsoft 365 Defender管理センター画面で、左側のメニューから［設定］をクリックし、［設定］画面で［エンドポイント］をクリックする。

④［エンドポイント］画面の［高度な機能］で、［Live Response］をオンにして［ユーザー設定の保存］をクリックする。

ライブ応答の起動

ライブ応答は遠隔操作を行うデバイスを選択して実行します。

①Microsoft 365 Defender管理センター画面で、左側のメニューから［アセット］−［デバイス］をクリックし、［デ
　バイスのインベントリ］画面で特定のデバイスをクリックする。

②デバイスの詳細画面で、［…］をクリックして［ライブ応答セッションを開始する］をクリックする。

③Webブラウザーの画面内にコンソール画面が表示されることが確認できる。

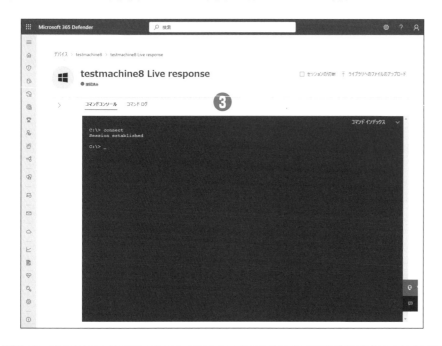

ライブ応答での調査

　ライブ応答のコンソール画面が表示されたら、コンソール画面内にコマンドを入力し、調査を実行することができます。ここからは調査に利用可能なコマンドのいくつかを利用して、実際の調査を行います。

プロセスの確認

　第5章でサンプルのマルウェアであるWordファイルをMicrosoft Wordで実行し、そこからPowerShellスクリプトが実行することで攻撃が進行したことを解説しました。このような一連の動きはインシデントとアラートを参照することで攻撃に加担したプロセスのプロセスIDを確認できました。例えばMicrosoft WordのプロセスIDが9356、PowerShellのプロセスが5408だった場合、それぞれのプロセスが今なお実行しているかについて**processes**コマンドを利用して確認します。

　processesコマンドは次のように入力して実行します。

```
processes プロセスID
```

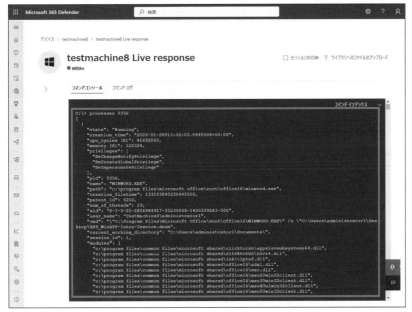

　実行結果を参照すると、プロセスID 5408は終了しているものの、プロセスID 9356（Microsoft Wordのプロセス）はいまだに実行中であることが確認できました。

プロセスの修復

　プロセスが実行中であることが確認できたので、続いてプロセスの修復を行います。プロセスの修復には**remediate**コマンドを利用します。**remediate**コマンドは次のように入力して実行します。

```
remediate process プロセスID
```

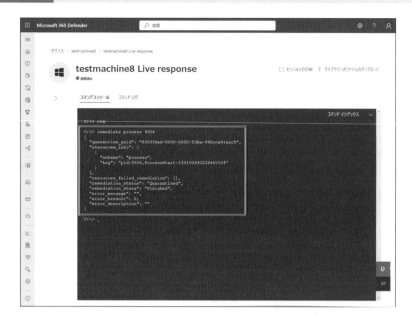

　remediateコマンドでプロセスに対して修復を行うとプロセスは強制終了します。なお、ファイルに対して修復を行う場合は「**remediate file** ファイルのパス」、レジストリエントリに対して修復を行う場合は「**remediate registry** レジストリエントリのパス」をそれぞれ入力して実行します。これによりファイルやレジストリエントリは検疫処理され、一定期間経過したのちに削除されます。

悪性ファイルの確認

　ここまででプロセスを終了しましたが、Microsoft Wordで実行したサンプルのマルウェアはまだ残されている可能性があります。ファイルの存在を確認する場合はコマンドプロンプトでのコマンドと同じ**dir**コマンドを利用します。

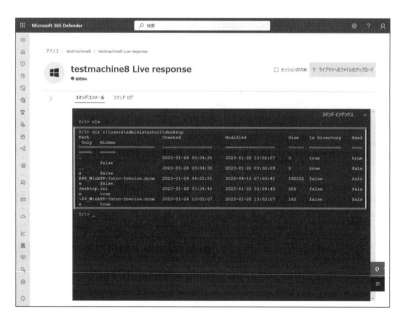

悪性ファイルの収集

dir コマンドの実行結果から RS4_WinATP-Intro-Invoice.docm ファイルが残されていることが確認できました。ファイルは検体として調査するため、ファイルの収集を行う場合、**getfile** コマンドを利用して次のように実行します。

```
getfile  ファイルのフルパス
```

getfile コマンドを実行すると、ファイルが自身のコンピューターの［ダウンロード］フォルダー（既定では C:¥Users¥ユーザー名¥Downloads）に自動的にダウンロードされます。

スケジュールタスクの確認

第5章の4で、今回のインシデントでは schtasks.exe がプロセスとして実行していることが確認できました。schtasks.exe はタスクスケジューラのプロセスであるため、マルウェア実行をきっかけとしてスケジュールタスクが登録された可能性があります。登録されたことについては **scheduledtasks** コマンドを実行して確認します。

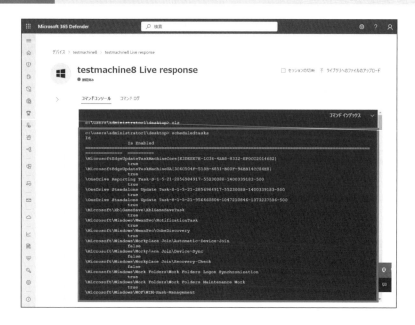

　スケジュールタスクには正規のタスクも登録されているため、どれが正規のものか、どれが悪性のものか、判断することが難しい場合があります。その場合、攻撃を受けていないデバイスでライブ応答の **scheduledtasks** コマンドを実行し、実行結果を比較することで悪性のタスクを見つけやすくなるでしょう。

ネットワーク接続の確認

　マルウェアの実行によって外部との不適切な通信が行われていないか確認する場合、**connections** コマンドを実行します。

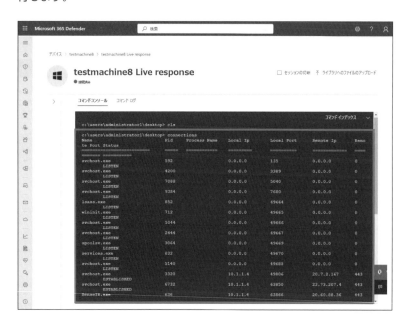

　実行結果では Pid 欄に記載されているプロセス ID を通じて行われた通信と、通信を行った相手（Remote Ip 欄）がそれぞれ確認できます。

ライブ応答経由でのスクリプトの実行

デバイスの調査を行う際、MDE管理者が独自に保有しているスクリプトを対象のデバイスで実行して調査を行う場合があります。この場合、ライブ応答の機能を通じて対象のデバイスにスクリプトを送り込み、遠隔からスクリプトを実行することができます。スクリプトを遠隔から実行する場合、次のステップで実行します。

署名のないスクリプトの実行許可（初回のみ実行）

↓

スクリプトのアップロード

↓

スクリプトの実行

署名のないスクリプトの実行許可

テナントで初めてスクリプトをアップロードする場合、署名のないスクリプトの実行を許可する設定を行う必要があります。この設定はテナントで一度だけ行う操作です。

①Microsoft 365 Defender管理センター画面で、左側のメニューから［設定］をクリックし、［設定］画面で［エンドポイント］をクリックする。

②[エンドポイント]画面の[高度な機能]で、[Live Responseの署名のないスクリプトの実行]をオンにして[ユーザー設定の保存]をクリックする。

スクリプトのアップロード

　署名のないスクリプトの実行許可を行ったら、ライブ応答のコンソール画面からスクリプトをアップロードすることができます。ここではサンプルのスクリプトとして調査対象のデバイスの[デスクトップ]フォルダー（C:¥users ¥administrator1¥desktop）にマルウェアが保存されているため、[デスクトップ]フォルダーのすべてのファイルを削除するスクリプトを作成し、アップロードします。スクリプトの内容は次のように入力し、del.ps1という名前のファイルとして保存しています。

```
Remove-Item C:¥users¥administrator1¥desktop¥*
```

①ライブ応答画面で、右側のメニューから［ライブラリへのファイルのアップロード］をクリックする。

②［ライブラリへのファイルのアップロード］画面で、［ファイルを選択］をクリックし、del.ps1ファイルを選択して［確認］をクリックする。

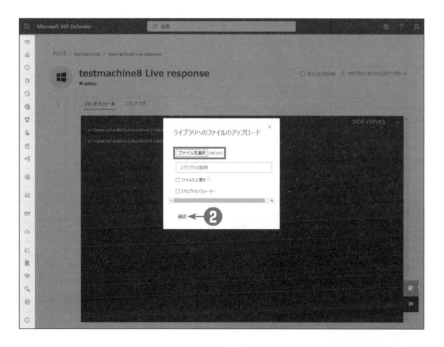

③ライブ応答のコンソール画面で、**library**と入力して実行する。するとスクリプトファイル（del.ps1）がアップロードされたことが確認できる。

スクリプトの実行

ライブラリにアップロードされたファイルは調査対象のデバイスで実行することができます。実行するときは**run**コマンドを利用して次のように実行します。なお、**run**コマンドに続けて指定するファイル名としてライブラリに保存されているファイルを指定する場合、フルパスを指定する必要はありません。

run ファイル名

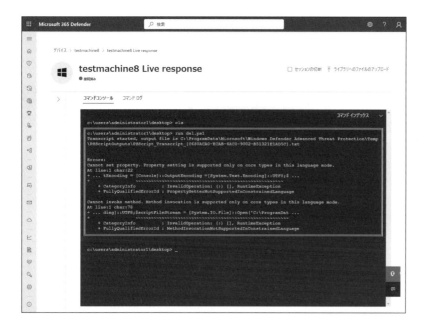

ライブ応答の終了

　ライブ応答を終了する場合、ライブ応答画面で［セッションの切断］をクリックし、確認画面で［確認］をクリックして終了します。

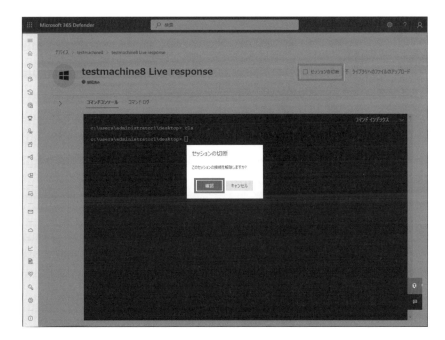

3 インシデント対応の完了

インシデント対応はMDE管理者がすべての作業を1人で行うものではなく、他の担当者や専門家と連携しながら行います。そのため、インシデント対応の状況がどこまで進んでいるのか、そしてインシデント対応が完了したのかを情報共有することが必要です。ここではインシデント対応の状況を共有する方法を見ていきます。

インシデントの管理

インシデント対応に限らず、プロジェクト管理の世界では一般にインシデントのような課題の管理を「チケット管理」と呼ぶことがありますが、MDEでは簡易的なチケット管理の仕組みが用意されています。それが［インシデントの管理］メニューです。

インシデント対応プロセスと［インシデントの管理］メニュー

第1章でも解説した次のようなインシデント対応プロセスがある場合、発生したインシデントに対して自分たちがいまどのステージにいるのかを情報共有する場合、［インシデントの管理］メニューの［状態］を利用して定義します。

インシデント対応プロセス	検知・連絡受付	▶ トリアージ	▶ インシデント対応	▶ 報告・事後対応
インシデントの状態	Active	In Progress	In Progress	Resolved

［インシデントの管理］メニューから状態をIn Progressに変更

インシデント対応プロセスの最初のステップである検知では、インシデントとアラートが自動生成され、生成されたインシデントに対して「Active」という状態が設定されます。この状態から調査を開始し、トリアージを行い、本格的なインシデント対応を行っていくプロセスにおいては他のMDE管理者にインシデント対応を行っている最中であることを通知するため「In Progress」という状態に設定を変更します。

①Webブラウザーから、Microsoft 365 Defender管理センター（https://security.microsoft.com/）のURLにアクセスする。
②サインイン画面で、グローバル管理者などのロールが割り当てられたAzure ADアカウントのIDとパスワードを入力し、サインインする。

③Microsoft 365 Defender管理センター画面で、左側のメニューから［インシデントとアラート］－［インシデント］をクリックし、［Incidents］画面で特定のインシデントをクリックする。

④インシデント画面で、画面上部の［インシデントの管理］をクリックする。

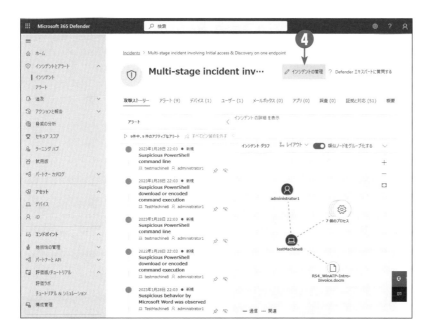

⑤ [インシデントの管理] 画面で、次のように設定して [保存] をクリックする。

- ● [割り当て先]：自分自身を表すユーザー名を選択
- ● [状態]：[In Progress] を選択
- ● [分類]：[真警告 - マルウェア] を選択

⑥ インシデント画面で、画面上部の [...] をクリックして [コメントと履歴] をクリックする。

⑦ [コメントと履歴] 画面で、状態等の設定変更の履歴が確認できる。

[インシデントの管理] メニューから状態をResolvedに変更

インシデント対応プロセスで必要な作業がすべて完了したら、状態を「Resolved」に変更し、完了したことを他のMDE管理者と共有します。なお、自動修復によりインシデント対応が完了した場合、Resolvedへの状態変更は自動的に行われます。

① Microsoft 365 Defender管理センター画面で、左側のメニューから [インシデントとアラート] − [インシデント] をクリックし、[Incidents] 画面で特定のインシデントをクリックする。

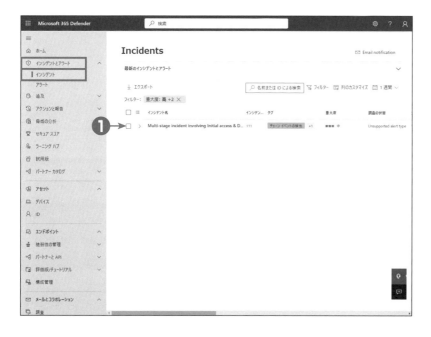

②インシデント画面で、画面上部の［インシデントの管理］をクリックする。

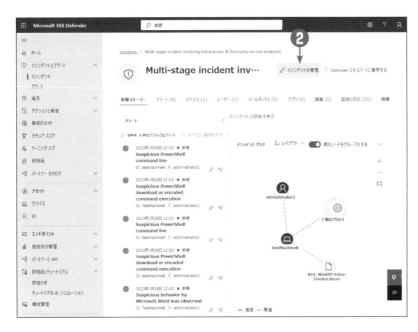

③［インシデントの管理］画面で、次のように設定して［保存］をクリックする。
- ●［割り当て先］：自分自身を表すユーザー名を選択
- ●［状態］：［Resolved］を選択
- ●［コメント］：作業完了を知らせる任意の文言を入力する。ここでは例として**修復が完了したため、インシデントをクローズします**と入力している。

④インシデント画面で、画面上部の［...］をクリックして［コメントと履歴］をクリックする。

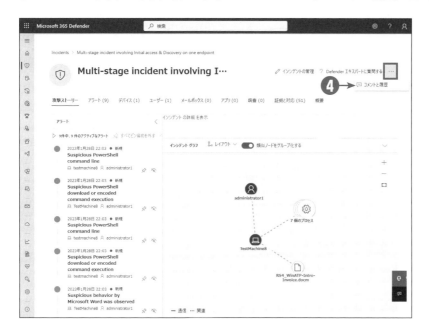

⑤［コメントと履歴］画面で、状態の設定変更の履歴やコメントの履歴が確認できる。

インシデント画面の［インシデントの管理］メニューではインシデント単位での状態を管理したり、コメントを共有したりすることができました。一方、アラート画面では画面右側の［アラートを管理する］メニューより同様の管理を行うことができます。アラート個別での状態管理やコメントを共有したりする場合に利用できます。アラートの状態は［インシデントの管理］メニューでの状態と連動しており、インシデントの状態が「Resolved」に設定されると、インシデント内のアラートも同時に解決済み（アラートの場合は「Resolved」ではなく「解決済み」と表示される）に設定されます。

あとがき

『ひと目でわかるMicrosoft Defender for Endpoint』を最後までお読みいただき、ありがとうございます。

ここまでご覧いただいたようにMicrosoft Defender for Endpoint（MDE）はEDR（Endpoint Detection and Response）としての機能、脆弱性管理のための機能を中心に提供するサービスです。そしてそのサービスの利用には必ず運用が伴います。そこで私（国井）は皆さんの運用にお役立ていただけるよう、運用面も考慮した本書の企画を持ち込み、執筆させていただきました。

本書では日々変化し続けるサイバーセキュリティを取り巻く環境に対応できるようにできるだけ汎用的な運用方法にあわせた解説であること、そしてこれからSOCの運用をされるような方でもチャレンジしていただけるような解説であること、これらをポイントにおきました。

また、本書の執筆にあたっては少しでも現実のSOCの運用に即した参考書となるよう、セキュリティベンダーで業務経験のある阿部直樹さんを共同著者として迎えました。阿部さんにはCISSP（Certified Information Systems Security Professional）ホルダーとして、そしてこれまでの業務経験を通じて得た知識を余すことなく還元していただいたと思っています。阿部さんは第2章〜第4章、私は第1章と第5章〜第8章をそれぞれ執筆させていただきましたが、単純にお互いの担当部分を執筆するだけでなく、お互いの原稿をチェックし合いながら構成に関するアイデア出しや言語化に関わるディスカッションを何度も重ね、より実践的で、そしてわかりやすい解説になるよう尽力しました。こうした作業の進め方は15年以上にわたるお付き合いをさせていただいている阿部さんとだからこそ実現できたことだと考えています。

そして、MDE利用に関するさまざまな現場の声を情報提供くださった日本マイクロソフトの山本築様にはまえがきの寄稿をお願いしました。急なお願いにもかかわらず寄稿も快く引き受けてくださり、ありがとうございました。

私自身、今回が初めての持ち込み企画での執筆になりましたが、本書の企画を快諾いただき、そして私たちの遅筆や数々の至らない点にも丁寧に指摘しながらお付き合いいただいた日経BPの皆さまには大変感謝しております。

この場を借りてお礼を申し上げます。ありがとうございました。

2023年3月
株式会社エストディアン
国井 傑（くにい すぐる）

■著者紹介

国井 傑（くにい すぐる）

Microsoft MVP for Security, Enterprise Mobility
マイクロソフト認定トレーナー（MCT）

1997年よりマイクロソフト認定トレーナーとしての業務をスタートし、2022年には
Microsoft Defender for Endpoint（MDE）を中心としたMicrosoft 365専門のトレーニン
グコースを提供する株式会社エストディアンを創業し、代表取締役に就任する。
MDEの公開講座やMDE運用のワークショップなど、それぞれの企業やエンジニアに合わ
せたMicrosoft 365セキュリティに関わるスキルアップのお手伝いをしている。
2006年よりMicrosoft MVP（Most Valuable Professional）を連続受賞。
主な著書に『ひと目でわかるIntune　改訂新版』（共著、日経BP、2021年）、『最短突破
Microsoft Azureセキュリティ テクノロジ［AZ-500］合格教本』（共著、2022年、技術評
論社）などがある。

阿部 直樹（あべ なおき）

マイクロソフト認定トレーナー（MCT）

Microsoftが提供するAzureトレーニングのトレーナーとして従事。
セキュリティ分野ではAzure Active Directoryを中心としたセキュリティ要素技術から、セ
キュリティ態勢管理、ワークロード保護を担当するMicrosoft Defender for Cloudやエンド
ポイントセキュリティのMicrosoft Defender for Endpoint、SIEM（Security Information
and Event Management）製品のMicrosoft Sentinelなど多岐にわたるセキュリティ製品
技術に関するトレーニングを担当している。
主な著書に『最短突破 Microsoft Azureセキュリティ テクノロジ［AZ-500］合格教本』（共
著、2022年、技術評論社）などがある。

●本書についての最新情報、訂正情報、重要なお知らせについては、下記Webページを開き、書名もしくはISBNで検索してください。ISBNで検索する際はハイフン（-）を抜いて入力してください。

https://bookplus.nikkei.com/catalog/

●本書に掲載した内容についてのお問い合わせは、下記Webページのお問い合わせフォームからお送りください。電話およびファクシミリによるご質問には一切応じておりません。なお、本書の範囲を超えるご質問にはお答えできませんので、あらかじめご了承ください。ご質問の内容によっては、回答に日数を要する場合があります。

https://nkbp.jp/booksQA

●ソフトウェアの機能や操作方法に関するご質問は、製品パッケージに同梱の資料をご確認のうえ、日本マイクロソフト株式会社またはソフトウェア発売元の製品サポート窓口へお問い合わせください。

ひと目でわかるMicrosoft Defender for Endpoint

2023年5月22日　初版第1刷発行

著　　　者　　国井 傑、阿部 直樹
発　行　者　　中川 ヒロミ
編　　　集　　生田目 千恵
発　　　行　　株式会社日経BP
　　　　　　　東京都港区虎ノ門4-3-12　〒105-8308
発　　　売　　株式会社日経BPマーケティング
　　　　　　　東京都港区虎ノ門4-3-12　〒105-8308
装　　　丁　　コミュニケーションアーツ株式会社
DTP制作　　株式会社シンクス
印刷・製本　　図書印刷株式会社